FAUT-IL ABOLIR L'HÉRITAGE ?

De l'impôt sur la mort à la dotation pour la vie

DES HAUTS & DÉBATS

Communication / Cultures / Médias et TIC / Société

dirigée par Pascal Lardellier,

Professeur à l'Université de Bourgogne (Dijon),

Directeur éditorial et scientifique, Groupe IGS, Paris

Cette collection accueille des essais consacrés à des sujets de société et à des thèmes d'actualité faisant débat. Les ouvrages publiés par la collection sont écrits d'une plume engagée mais toujours argumentée.

Il s'agit de pourvoir la communauté académique et la société civile en éléments de réflexion exigeants sur des sujets faisant débat et parfois polémique, pour poser un regard critique et rigoureux sur un monde en métamorphose.

Les institutions, les médias, les TIC, la culture et les grands systèmes idéologiques sont passés au crible des titres de « Des Hauts et Débats ».

Pour toute information : pascal.lardellier@u-bourgogne.fr

Dernières parutions

Emmanuel Carré, *Nouvelles réalités. Habiter consciemment un monde hybride,* 2025.

Pascal Lardellier (dir.), *Des clics et des clashs. Controverses et polémiques dans les réseaux socio-numériques,* 2025.

Samuel Mayol, *Universités en crises. Défis et réformes*, 2025.

Virginie Spies, *Succès story. Pourquoi les médias nous captivent ?*, 2025.

Gilles Brachotte et Pascal Lardellier (dir.), *La raison des réseaux*, 2025.

Samuel Mayol, *Les extrémistes à l'assaut de la République*, 2024.

Anne-Hélène Le Cornec Ubertini, *Le poison du communautarisme. La gauche sans le peuple*, 2024.

Edwin Hoffman, Florence Laurent-Loubeyre et Arjan Verdooren, *Communiquer en contexte de diversité. Les individus se rencontrent, pas les cultures !*, 2024.

Clarence Tocchio, *La donnétisation ou le vol de notre identité*, 2024.

Rémy Goubert

FAUT-IL ABOLIR L'HÉRITAGE ?

De l'impôt sur la mort à la dotation pour la vie

Préface de Jacques Attali

L'Harmattan

5-7, rue de l'École-Polytechnique - 75005 Paris
www.editions-harmattan.fr
ISBN : 978-2-336-56377-0
EAN : 9782336563770

À ma mère, Isabelle, à qui je dois tout.

REMERCIEMENTS

Je tiens à remercier tous les intervenants qui ont pris le temps de me recevoir et de répondre à mes questions. Merci donc à : François Hollande, Carole Delga, Boris Vallaud, Christine-Pirès Beaune, Jean Auroux, Michel Sapin, Nicolas Frémeaux et Alexandre Ouizille.
Je remercie également Diana Filippova et Julie Martinez qui m'ont accompagné au début de ce projet.
Je remercie Jacques Attali, sans qui cette idée de livre n'aurait pu voir le jour.
Je remercie Stefania Gherca pour ses conseils.
Je remercie Lubin, sans qui je n'aurais pas rencontré Christophe, que je remercie également pour sa confiance. Aussi, je remercie Pascal Lardellier qui me permet d'être enfin édité.

Pour finir, je vous remercie, vous, lectrice et lecteur, pour l'intérêt que vous portez à ce que j'ai pu écrire dans cet ouvrage, fruit de deux années de travail.

Si l'individu mort tient à l'exécution de sa volonté, qu'il vienne l'exécuter lui-même s'il le peut, mais il n'a pas le droit d'exiger que la société mette toute sa puissance et son droit au service de sa non-existence.

M. Bakounine

Préface : L'héritage en héritage

Toutes les conceptions de l'héritage renvoient à l'identité même de chaque culture, de chaque nation, de chaque idéologie. L'héritage n'est d'ailleurs que depuis très récemment réduit à son contenu financier.

Dans toutes les sociétés, depuis l'aube des temps, l'héritage est bien plus large : c'est l'ensemble de ce qu'on transmet : une langue, une culture, une éthique, une organisation sociale, des valeurs, une généalogie, et même un métier, puisque les enfants faisaient presque tous, pendant des millénaires, le même métier que leurs parents pour les garçons, et avaient la même occupation domestique que leur mère pour les filles. De plus, l'héritage n'est pas qu'individuel : on hérite de la paix, de la guerre, de l'esclavage, de la misère, de l'abondance, d'une société ou d'une classe sociale tout entière. Nul n'est seulement l'héritier de sa famille. Chacun est l'héritier d'un peuple, de l'espèce humaine et plus largement, chacun est un héritier du vivant.

La quasi-totalité des humains n'héritaient, et n'héritent encore, d'aucun bien matériel de leurs parents. Et ceux qui en héritent sont ceux dont les parents ont hérité eux-mêmes de ces mêmes biens.

Aujourd'hui encore, l'essentiel de l'héritage que chacun reçoit, c'est ce qu'il a reçu de ses parents, de sa famille élargie, de la société qui l'abrite, avant d'être lui-même un adulte. Cela est surtout aujourd'hui constitué de son héritage génétique, de l'éducation qu'il a reçue, des conversations qu'il a eues avec ses parents, des livres qu'il a lus, de la musique qu'il a entendue, des règles éthiques qu'il a faites siennes, des écoles qu'il a pu fréquenter, des amis qu'il a pu se faire, des rêves qu'il a pu faire et de l'aide qu'il a reçue pour les réaliser.

Comme l'explique Remy Goubert, l'héritage matériel (infime partie de l'héritage réel) prend mille formes dans les diverses sociétés humaines. Et c'est ne rien comprendre au fonctionnement d'une société que de s'en tenir là.

Une société fonctionne d'abord si elle transmet en héritage collectif aux générations suivantes les moyens de vivre au moins aussi bien que la génération précédente.

L'héritier n'a pas donc tous les droits. Il doit beaucoup aux générations précédentes et aux générations suivantes.

Aussi, il n'y a pas de système idéal.

Un bon système, pour moi, serait celui qui garantirait à chacun, comme c'est le cas en Norvège, un capital initial de départ, à toucher à 25 ans (pour ne pas risquer de le dilapider trop tôt) et qui serait inconditionnel. S'ajouterait, sous réserve de l'accord d'un banquier ou d'une commission sérieuse, un prêt à 40 ans d'un montant plus important, pour mener à bien un projet professionnel. Tout cela serait financé par un impôt sur les successions qui devrait être de 100 % en ligne indirecte et d'un taux variable pour les héritiers directs, leur laissant de quoi maintenir le train de vie dont leurs parents rêvaient pour eux, et plus encore si les héritiers sont directement impliqués (et aussi longtemps qu'ils le sont) dans la gestion des biens accumulés par les générations précédentes.

Naturellement, il y a et aura bien des objections à un tel système, et beaucoup de détails peuvent le pervertir. Aucun système humain n'est parfait. Encore moins un système fiscal. Celui-là aurait au moins l'avantage de donner à chacun une chance de devenir lui-même.

C'est tout l'intérêt du livre de Rémy Goubert que de nous y faire réfléchir.

Jacques Attali

Je suis un bougnat, né et élevé par une mère seule dans le Cantal. Au cours de ma scolarité, j'ai bénéficié d'une chambre en résidence universitaire. Ce sont ces services publics qui m'ont permis de « monter à Paris », comme on dit, pour étudier le droit à Assas. Ils constituent mon seul patrimoine, comme pour la plupart des Français.

Le monde tel que j'ai pu l'observer m'a amené à adopter une position que certains jugeront « radicale » face aux inégalités de naissance. Avoir côtoyé une jeunesse parisienne tant dorée que dotée de moyens financiers considérables, d'un réseau relationnel important, jouissant d'une vie rythmée par les voyages autant que par les études prestigieuses et les soirées dans des palaces parisiens m'a beaucoup appris. Redescendre dans le Cantal aussi : j'y vois des amis de mon âge qui, d'intérim en intérim, se démènent dans des métiers physiquement pénibles et pécuniairement risibles.

Entre mes camarades étudiants d'Assas, souvent produits de l'enseignement privé le moins mixte et le plus homogame de la capitale, et les 12 % de camarades boursiers de cette même faculté, il y a un fossé : l'héritage.

Il est évidemment économique, culturel aussi, relationnel enfin car il débouche sur des stages en cabinets d'avocats prestigieux, des emplois facilement acquis par le réseau déjà fait, des situations où ce n'est pas tant l'intelligence que le nom qui fait la place.

Rien de tout cela n'est dû au hasard et je souhaite combattre cette idée paralysante selon laquelle la vie est ainsi faite, sans raison valable, presque fatalement.

La position sociale de chacun découle d'une volonté politique et il est possible de changer les choses en sortant d'un consensus mou, entretenu par la paresse intellectuelle de dirigeants incapables de remettre en cause certains totems par manque de courage, ou pire, par préservation d'intérêts particuliers.

Ce courage justement consiste à adopter des positions parfois impopulaires mais à les expliquer, à prendre le temps nécessaire à l'information et à la formation, afin de contribuer à l'avènement de l'émancipation citoyenne conformément aux principes de notre République. La justification philosophique, morale, politique de cette position se trouve d'ailleurs dans l'histoire républicaine fondée sur la lutte contre les privilèges, le combat pour l'égalité, l'émancipation de sa classe sociale, l'universalité des droits…

Dans cette perspective, il faut prendre le problème de l'héritage à la racine, expliquer son fonctionnement, briser les a priori, adopter une position forte jusqu'à ouvrir la « fenêtre d'Overton » sur cette question sensible. Élargir la fenêtre d'Overton signifie ici agrandir le spectre d'acceptabilité dans l'opinion publique de cette abolition.

Si ce petit ouvrage et l'idée qu'il développe d'une nécessaire abolition de l'héritage permettent de mettre en place une réforme des successions allant dans le bon sens, alors le combat commencera à être gagné. C'est par droiture, rigueur intellectuelle et honnêteté que je défends l'abolition de l'héritage : je crois profondément que l'héritage économique n'a pas de sens en ce qu'il perpétue des inégalités considérables justifiées par le seul sang commun. Une société sans héritage serait une société véritablement républicaine, fondée sur ce qui est censé faire de nous des citoyens : notre humanité, pas notre porte-monnaie.

Au nom de quoi serait-il normal d'hériter, tant de la richesse que de la misère de ses parents ?

De la naissance dans une bonne famille ou dans une mauvaise ? De la chance ou de la malchance ? D'une volonté extérieure ? Du hasard ? De la préservation des « valeurs familiales » ?

Le grand paradoxe est là : la succession ne constitue certainement pas le meilleur moyen pour rassembler une famille, c'est même plutôt l'inverse. Elle a souvent pour effet de détruire les liens familiaux. Qui n'a jamais connu ou entendu ces « histoires de familles » dans lesquelles ce qu'il reste de vivant se brise sur des considérations matérielles ? Dans les moments de deuil, il est évident que chacun souhaite passer davantage de temps à surmonter sa peine, plutôt qu'à prendre rendez-vous avec la froideur de l'administration pour gérer une succession. Dans une période d'incertitudes sur ce qui fait le lien social dans notre pays, sur ce qui nous unit, ce qui nous rassemble et ce qui fait de nous une nation, nous pouvons, à partir de la question de l'héritage, trouver une proposition qui apaise et organise la société d'une façon plus juste. La question est précisément de savoir dans quelle société nous souhaitons évoluer : une société où le hasard décide des vies ? Où le nom de famille est la clé de la réussite ? Où perdure l'hypocrisie autour de l'idée que le travail doit payer alors que c'est du patrimoine que dépend la richesse ?

Si l'héritage est aujourd'hui considéré comme un moyen d'ascension sociale, c'est que le travail ne paie plus et que la rémunération globale des travailleurs dans notre pays est à revoir. Que l'on soit pour ou contre le principe, et surtout que l'on critique ou non son effectivité, les tenants de la méritocratie et donc les républicains dans leur ensemble sont censés combattre les déterminismes sociaux et économiques.

La méritocratie est morte depuis longtemps et on peut se demander si elle n'a même jamais été un phénomène structurel dans notre pays. Cette méritocratie n'est certainement pas encouragée, sinon comment justifier des salaires si bas pour les métiers les plus utiles à notre société, dans lesquels il faut travailler dur et se tuer à la tâche ? Comment justifier l'état de nos services publics ? Comment expliquer que cette méritocratie-là fonctionne au regard de la reproduction sociale dans l'accès aux études supérieures ? Comment démontrer qu'elle est à l'œuvre, la méritocratie, quand on sait le nombre ridicule d'ouvrières, d'employés, de travailleurs, siégeant dans nos diverses assemblées, alors qu'ils composent la grande majorité de la population active de notre pays ?

Nous sommes plutôt en « héritocratie », ce qui fait du hasard le maître incontesté de nos vies.

Une inquiétude m'anime : la réprobation massive que toute idée d'abolition de l'héritage provoque, notamment auprès des plus démunis, donc des moins susceptibles d'en profiter un jour. Il faut avoir en tête ce chiffre trop peu connu : *87 % des Français ne sont pas concernés par les droits de succession.* Ce chiffre illustre la victoire culturelle des plus riches sur les plus pauvres. Car c'est un exploit que d'avoir fait croire aux seconds que toucher à l'héritage consisterait à s'attaquer non pas aux gros mais aux petits.

Cet ouvrage vise ainsi entre autres à démontrer à quel point l'héritage de sommes conséquentes ne concerne qu'une minorité, et que la majorité de la population gagnerait beaucoup avec une réforme d'ampleur. Il est temps de sortir de l'hypocrisie régnant dans notre République.

Chapitre 1
Les héritiers, de qui et de quoi parle-t-on ?

J'insiste : la majorité des ménages français ne paient pas de droits de succession en ligne directe (parents/enfants). Voici les chiffres de 2018 :

38,7 % héritent de moins de 8000 euros, 27,1 % héritent de 8000 à 30 000 euros,

21,2 % héritent entre 30 000 et 100 000 et 12,9 % héritent de plus de 100 000 euros.[1]

En définitive, 65,8 % des héritiers touchent moins de 30 000 euros et 87 % héritent de moins de 100 000 euros, quand seulement 13 % des héritiers bénéficient de plus de 100 000 euros.

Ces chiffres sont cruciaux pour comprendre à quel point hériter de grosses sommes n'est pas commun, bien au contraire[2].

Il faut aussi rappeler une règle importante largement débattue lors des dernières élections présidentielles : l'abattement fiscal de 100 000 euros en ligne directe. Cet abattement permet de ne payer aucun impôt lorsque la somme transmise y est inférieure.[3]

Par conséquent, 87 % des ménages ne paient pas de droits de succession.[4]

[1] 87 % des héritages sont inférieurs à 100 000 euros (inegalites.fr) 19/07/2022.
[2] Annexe 1.
[3] Droits de succession : que devez-vous payer sur votre part ? Par Bercy Infos, le 16/04/2024 - Droits de succession.
[4] Droits de succession : cet impôt qui concerne 13 % des héritages, mais que tous les Français détestent par Justine Benoit le 25.04.2024 à 07h00.

J'aimerais aller davantage dans le détail en analysant les héritages selon les catégories sociales. Dans un entretien au Monde, l'économiste Nicolas Frémeaux a rappelé que 10 % des plus riches héritent de 52 % du total de l'héritage en France[1], quand 50 % des plus pauvres héritent de 7 % de la somme des héritages sur cette période.[2] Il faut également avoir en tête que cette transmission de patrimoine concerne un peu plus de la moitié des ménages, qui bénéficient d'un héritage au moins une fois dans leur vie.

Un calcul de France Stratégie à partir de données datant de l'année 2015 est par ailleurs très révélateur. Ce calcul se fonde sur la totalité du patrimoine transmis cette année-là, soit 250 milliards d'euros, et le divise par le nombre de tous les Français arrivant à leur majorité en 2015, soit 310 000 euros par personne.[3] Pour le dire autrement : si l'on répartissait le total de l'héritage de 2015 entre tous les Français de 18 ans, chacun d'entre eux bénéficierait de 310 000 euros. C'est une somme considérable, qui aiderait grandement pour commencer dans la vie !

Cependant, la tendance n'est pas à l'héritage transmis à 18 ans, ou plus largement dans la jeunesse, au début de l'existence, quand on aurait besoin de cet argent pour se lancer, mais plutôt à la moitié, voire à la fin de la vie.

Les héritiers étant de plus en plus vieux (en moyenne 50 ans aujourd'hui), il leur est donc de moins en moins utile de toucher de telles sommes, cet argent ne permettant même pas de se lancer dans la vie, de réaliser des projets, mais au contraire de consolider un patrimoine déjà acquis.[4] Deux études sont particulièrement frappantes, l'une sur la reproduction des élites anglaises entre 1170 et 2012[5] et l'autre sur la reproduction des familles italiennes entre

---

[1] Annexe 2

[2] Nicolas Frémeaux : « Aujourd'hui, 50 % des successions vont à 10 % des héritiers » (lemonde.fr).

[3] L'estimation de la valeur totale des transmissions en France en 2015 par France stratégie, sur laquelle est fondé le calcul de la part qui reviendrait à chaque Français à ses 18 ans : https://bit.ly/2U4maEQ.

[4] Annexe 3.

[5] Clark, Gregory et Cummins, Neil J., « Surnames and Social Mobility in England, 1170 - 2012 », *Human Nature*, vol. 25, novembre 2014.

1427 et 2011[1]. Ces travaux représentent un phénomène étonnant, qui justifie à lui seul une critique forte : la richesse des ancêtres se retrouve chez les descendants contemporains. Autrement dit, les familles les plus riches en 1170 au Royaume-Uni et en 1427 en Italie sont toujours les familles les plus riches en 2012 et 2011. Nous sommes loin du mythe du self-made-man…

Cet état de fait nourrit les scénarios de films et séries : la série *Succession* traite précisément d'une guerre fraternelle pour bénéficier d'une succession.

Ces exemples montrent bien que le meilleur moyen pour connaître une mobilité sociale réside – tristement – dans l'héritage.

---

[1] Barone, Guglielmo et Mocetti, Sauro, « Intergenerational Mobility in the Very Long Run: Florence 1427-2011 », *Bank of Italy Temi di Discussione*, n° 1060, avril 2016.

Chapitre 2
L'état des connaissances, des constats et des solutions sur l'héritage

Certains chercheurs ont travaillé sur le sujet des inégalités de patrimoine. Un état de leurs recherches s'impose car elles justifient la remise en cause de l'héritage.

THOMAS PIKETTY est un économiste français ayant écrit plusieurs ouvrages relatifs aux inégalités économiques, notamment *Le capital au XXIe siècle* en 2013 et *Capital et idéologie* en 2019. Le premier propose une analyse de la répartition de la richesse et du revenu, ainsi que de l'impact des héritages sur les inégalités. Le second explore les idéologies économiques et politiques qui justifient celles-ci. L'auteur y propose des solutions pour les réduire, telles que la mise en place d'un « socialisme participatif ». Il s'inspire de la proposition du révolutionnaire Thomas Paine, visant à doter chaque jeune de 21 ans d'une somme de 15 livres[1] financée par les droits de succession. Piketty propose en effet le versement d'une dotation universelle de 120 000 euros à chaque jeune de 25 ans[2] via un impôt progressif tant sur les revenus que sur le patrimoine. Dans le premier ouvrage, il propose un impôt mondial qui permettrait de juguler le développement non maîtrisé du capitalisme, qui conduirait à l'effet inverse de la relation établie par l'économiste Simon Kuznets, indiquant que le développement économique entraînerait automatiquement une réduction des inégalités. Selon Piketty, depuis la fin des Trente Glorieuses en Europe, le développement économique ne conduit pas à une baisse des inégalités mais bien à une concentration du capital entre les mains d'une minorité.

---

[1] Thomas Paine, *La Justice* agraire, 1797.
[2] Thomas Piketty, *Capital et idéologie*, Seuil, Paris, 2019.

GABRIEL ZUCMAN est lui aussi un économiste français, auteur du livre *La richesse cachée des nations* publié en 2013. Dans son ouvrage, l'économiste raconte l'histoire de l'évasion fiscale et décrit le manque à gagner pour les États. En Europe, 12 % du patrimoine financier serait ainsi caché. La dette française, quant à elle, serait ramenée de 90 à 74 % du PIB (données datant de l'époque d'écriture). Il s'attache à proposer des solutions visant à contraindre les paradis fiscaux à plus de transparence : mise en œuvre d'une taxe pigouvienne internalisant les externalités négatives engendrées par ces comportements, menaces d'application de sanctions mais surtout mondialisation de la réponse au problème. En effet, la lutte contre la fraude fiscale pourrait se servir d'un cadastre financier mondial, regroupant les informations nécessaires, couplé à une taxation internationale sur le capital permettant de financer les enjeux contemporains. Pour lui, l'absence de contrôle et de véritable contrainte des États sur les paradis fiscaux explique la situation actuelle. Il faut donc organiser la récolte d'informations pour ensuite pouvoir contrôler. En plus de cet ouvrage, Zucman a écrit un livre avec l'économiste EMMANUEL SAEZ *Le triomphe de l'injustice* publié en 2019, dans lequel ils expliquent que ce triomphe relève de la conjonction de la montée des inégalités et de la baisse de la progressivité de l'impôt. Les États-Unis sont particulièrement étudiés et les auteurs brossent le portrait d'un pays qui était fiscalement juste jusqu'à ce qu'il ne le devienne plus : « en 1942, Roosevelt proposait par exemple un impôt de 100 % sur les revenus supérieurs à 25 000 dollars de l'époque (1 milliard d'euros actuels) ; le taux d'imposition sera finalement de 93 % en 1942, ce qui a considérablement participé à la diminution des inégalités. Or, en 1986, Reagan passe le taux marginal maximal de l'impôt, qui était resté de 80 % en moyenne entre 1930 et 1980, à 28 % ! Les États-Unis, qui avaient jusqu'alors l'impôt le plus progressif, possèdent désormais l'un des systèmes fiscaux les moins redistributifs. »[1]

[1] « L'économie peut-elle être juste ? », Trois questions à… Gabriel Zucman, par l'Ours, 09/07/2020.

JOSEPH STIGLITZ est un économiste américain connu pour ses travaux sur les inégalités de revenus et de patrimoines. Lauréat du prix Nobel d'économie en 2001, il a théorisé plusieurs concepts qui font de lui l'un des initiateurs de l'économie de l'information. C'est le théoricien, notamment, de l'asymétrie d'information sur les marchés économiques. Ses critiques se sont récemment portées sur les successions : « *un de mes amis décrit [ceci] comme une victoire à la loterie du sperme, ils ont choisi les bons parents. Je pense que nous devons réaliser que la plupart des milliardaires ont obtenu une grande partie de leur richesse par chance* ». Il invite les gouvernements à taxer plus durement les hauts revenus et les hauts patrimoines[1] comme rapporté dans un podcast d'Oxfam de 2023. Il y précise qu'il conviendrait de relever l'imposition des personnes riches à 70 % en lieu et place de 37 % sur les revenus supérieurs à 495 305 dollars aux États-Unis.[2] Dans un son ouvrage, *Le prix de l'inégalité* publié en 2012, l'économiste porte un regard défavorable sur la recherche de la rente, source-mère des inégalités d'après lui.

ANTHONY ATKINSON est un économiste britannique majeur et spécialiste des inégalités. Ses travaux ont notamment inspiré ceux de PIKETTY. Dans son dernier livre avant sa disparition, *Inégalités*, Atkinson ne constate pas seulement l'explosion des inégalités dans les pays riches : il propose une marche à suivre pour inverser la tendance. Entre la proposition d'une garantie d'un emploi public pour les chômeurs, l'instauration d'une tranche d'impôts sur les revenus à un taux de 65 % pour les plus importants, la taxation effective des donations dans le vivant, Atkinson démontre que la radicalité des mesures est à la hauteur de la radicalité de la situation. À cet égard, Atkinson propose un héritage minimum, sorte de dotation universelle, lors du passage à la majorité et financée par la taxation des grandes successions.

Ainsi, la proposition de dotation universelle et la critique acerbe de l'héritage s'inscrivent dans les pas des plus grands économistes contemporains.

---

[1] « Joseph Stiglitz on Inequality, War Profiteers and a new Cold War », podcast *Equals* d'Oxfam.

[2] « Le prix Nobel Joseph Stiglitz veut taxer les plus riches à 70 % pour lutter contre les inégalités », *Ouest-France*, 25/01/2023.

ENTRETIEN AVEC NICOLAS FRÉMEAUX

Nicolas Frémeaux est économiste.

Lorsqu'on vous parle d'héritage, à quoi ça vous fait penser ? Est-ce que c'est une pensée positive, négative, neutre, qui vous vient à l'esprit ?

C'est plutôt une pensée négative. Je la vois en tant qu'économiste plutôt qu'en tant que membre d'une famille politique par exemple. Je raccroche tout de suite ça aux questions à la fois d'inégalités et d'injustices. Du fait que l'héritage est quelque chose qu'on ne choisit pas, on peut hériter, et tant mieux pour la personne, comme on peut hériter de rien. Il y a un côté totalement subi du fait d'être né au soit bon endroit au bon moment ou soit au mauvais endroit au mauvais moment. C'est ce qui va ressortir tout de suite quand j'entends ce mot-là.

*Précisément en tant qu'économiste, vous avez écrit un livre sur le sujet (*Les Nouveaux Héritiers*, 2018, aux éditions du Seuil). Qu'est-ce qui vous a amené à écrire, à vous intéresser au sujet précis des successions ? C'est une expérience personnelle, familiale ? C'est simplement le travail universitaire que vous avez entamé ?*

C'est un peu tout. C'est plutôt le travail universitaire quand même, j'avais commencé à travailler non pas via le prisme de l'héritage, mais via le prisme de la famille en général, évidemment très fortement lié à l'héritage, et par le prisme du couple. Comment on choisit son conjoint ? Comment est-ce qu'on va gérer son patrimoine ? La question de l'héritage arrive rapidement après, c'est-à-dire comment est-ce qu'on va le transmettre derrière ? Donc ça c'est l'idée globale. J'étais déjà intéressé par la famille de ce point de vue-là.

L'angle du livre est venu d'une proposition qui m'a été faite de mettre en avant le paradoxe entre le poids que l'héritage prenait dans le monde académique, qui reste un sujet qui n'était pas à l'époque très abordé, mais qui venait de l'être dans les travaux de Thomas Piketty et sur lequel il a montré un vrai retour de l'héritage, et de l'autre côté le fait que dans le débat public, on en parle très peu. C'est ce décalage-là que j'ai voulu mettre en avant.

J'ai appris lors de mes recherches que Léon Blum avait proposé une abolition de l'héritage au groupe socialiste qui l'avait alors refusé parce que trop radical. Quel est le constat que vous portez sur l'héritage ?

Le constat est celui, très documenté, que portent tous les économistes. Donc ce n'est pas mon constat à moi. C'est le constat qui vient des travaux de Piketty à propos du retour très massif de l'héritage dans nos sociétés. Le constat est assez implacable : depuis les années 70 en France, on observe un retour de l'héritage qu'on peut mesurer de manières différentes. Si on regarde le poids de l'héritage dans le patrimoine des Français, il a trouvé un poids qu'on n'avait pas vu depuis le début du XXe siècle. On n'est pas encore sur un retour à ce qu'on observait courant XIXe, là c'était encore plus massif, mais on revient à une société où l'héritage pèse beaucoup. Surtout, l'autre aspect de ce constat-là c'est qu'il est très inégalement réparti. Ce n'est pas un retour qui bénéficie à tout le monde, au contraire, c'est très inégal, très injuste. Ça ne répond en rien à l'effort de quiconque, en tout cas la personne qui reçoit n'a rien fait pour recevoir ou ne rien recevoir. On observe donc des inégalités d'héritage, toujours plus faibles que ce qu'on avait au XIXe, mais qui restent aujourd'hui assez massives et qui ont beaucoup d'impacts concrets dans la vie des gens. Par exemple, si vous avez un filet de sécurité qui est le patrimoine dont vous avez hérité ou dont vous allez hériter, vous bénéficiez d'une paix d'esprit qui est très dure à mesurer mais qui existe bel et bien.

Dans le livre, je cite une interview au monde que vous avez donnée où vous indiquez que 10 % des plus riches héritent de 52 % du total de l'héritage en France, quand 50 % des plus pauvres héritent de 7 % de la somme des héritages. C'est quelque chose de nouveau ?

Ça commence à dater un peu, c'était au moment de la rédaction de mon livre. Aujourd'hui, l'héritage reflète à peu près le patrimoine du vivant des individus. Pour préciser : 10 % des ménages les plus riches vont détenir environ 60 % du patrimoine total et à l'inverse les 50 % du bas détiennent environ 7 %. C'est ce qu'on a sur le patrimoine des vivants détenu à un moment donné. Par conséquent, si vous faites la somme de tous les biens immobiliers, de tous les actifs financiers, de tous les actifs professionnels, l'héritage reflète l'ensemble. Les 10 % des héritiers les plus riches vont détenir entre 50 %-60 %, et les 50 % du bas n'héritent de rien ou presque.

Quand je dis rien, ce n'est rien de valeur monétaire, ça ne veut pas dire qu'il n'y a pas de transmission de biens qui aient une valeur sentimentale. Cela reste vrai aujourd'hui et je ne suis pas sûr que ça ait beaucoup évolué depuis la rédaction du livre.

Dans la même veine, dans une étude que vous avez faite, « Inequalities and the Individualization of Wealth » au Journal of public Economics, *il est question de l'inégalité entre les hommes et les femmes, où les inégalités de patrimoine entre les deux genres seraient passées entre les années 90 et 2015 de 9 à 16 %. Là aussi, c'est ce que vous disiez peut-être par rapport au couple, il y a une inégalité de sexe et de genre devant le patrimoine ?*

Là, c'est le patrimoine total et pas seulement l'héritage. C'est un travail qu'on a mené avec Marion Leturcq, avec qui j'ai beaucoup travaillé sur ces questions-là, où on regarde ce que détiennent les individus. Nous essayons notamment de savoir qui détient quoi au sein du couple. Ça répond à un problème méthodologique qu'on a souvent dans les données disponibles qui retracent le patrimoine des ménages. Généralement, on ne sait pas qui a quoi car l'information est souvent récoltée au niveau du ménage. Concrètement, on dresse la liste globale de tout ce que détiennent les membres du ménage, et on s'arrête là.

Cela ne nous permet pas de savoir qui a quoi au sein du ménage. Dans ces travaux-là, faute d'avoir des informations plus précises, on va faire l'hypothèse que si vous êtes dans le couple, vous partagez tout. Cela veut dire que ça va fortement sous-estimer les inégalités entre hommes et femmes, c'est-à-dire que dans tous les couples hétérosexuels, on va faire l'hypothèse qu'il y a une égalité parfaite. Nous on a utilisé une enquête de l'Insee qui est une exception au niveau mondial et qui demande aux individus : « qui détient quoi ? » Cela nous permet de creuser les inégalités au sein des couples et d'avoir l'égalité du point de vue des droits de propriété : être dans un couple et ne pas tout détenir à 50-50, avoir des cas extrêmes où l'un des 2 conjoints détient tout, avoir des cas intermédiaires... Une fois ce problème résolu, on montre qu'il existe un phénomène de changement dans les modes de propriété au sein des couples avec une individualisation du patrimoine. Le fait que les couples détiennent de moins en moins tout en commun, ce qui limitait les inégalités, et vont choisir de plus en plus cette individualisation croissante du patrimoine qui se fait au détriment des femmes. Ainsi, on montre que les différences de patrimoine étaient de 9 % entre les hommes et les femmes, en incluant tant les couples que les personnes divorcées, et sont désormais de 9 à 16. Ces inégalités ont quasiment doublé sur la période qu'on étudie, à savoir 98-2015.

Est-ce que vous formulez une proposition au niveau de l'héritage ? Est-ce qu'il faut lutter contre l'inégalité que représente l'héritage ? Est-ce que d'ailleurs c'est à vous de le dire en tant qu'économiste, ou êtes-vous seulement dans un travail de recherche et de restitution des connaissances ?

Non, non, on peut le dire justement. Il y a beaucoup de propositions qui s'appuient sur une recherche documentée. L'apport des économistes, c'est d'essayer de comprendre toutes les dimensions de l'impôt.

Qu'est-ce que ça a comme conséquences d'imposer les héritages de manière progressive par exemple ? Quelles conséquences ça a de ne pas les imposer ? De laisser l'héritage se distribuer de manière assez inégale ? Un des enjeux ici, c'est de dire que ce n'est pas simplement une question de justice sociale, qu'il faudrait qu'il y ait moins d'injustice liée au patrimoine, car tout le monde peut le dire. Ce qui est important pour les économistes, c'est de savoir si c'est efficace économiquement d'avoir des inégalités.

Efficace du point de vue économique, c'est se demander si les pays qui ont plus d'inégalités fonctionnent mieux. Est-ce que ce sont des pays qui vont davantage innover ? Où les gens vont travailler plus ? Où le PIB va être plus important ? Là-dessus il y a beaucoup de travaux pour montrer que les inégalités peuvent avoir des effets positifs. En effet, un pays où vous pouvez vous enrichir avec votre travail peut inciter les gens à travailler plus, à innover. Alors ces individus seront récompensés monétairement et vont pouvoir innover. S'ils innovent, ils créent des emplois. C'est un effet positif.

Un effet négatif, c'est que les inégalités peuvent aussi entraîner des conséquences sur la santé des gens, ou entraîner dans les cas extrêmes une déstabilisation politique donc il y a tout un débat qui est très partagé sur est-ce que cela fonctionne ? À ce propos, il y a beaucoup de travaux pour montrer que quand vous avez des pays avec différents niveaux d'inégalités on se rend compte que, particulièrement pour les pays en développement, les pays les plus égaux sont plus performants que les plus inégaux. Cela veut dire qu'au final, c'est plutôt l'effet négatif qui l'emporte sur l'effet positif. Sur l'héritage, ce qu'on voit c'est que c'est à la fois plutôt injuste, sur cela il n'y a pas trop de discussions, mais c'est aussi plutôt inefficace. Un des faits qui est assez important, c'est que quand vous héritez, vous allez souvent moins travailler, ce qui est assez logique. Ce n'est pas du tout une attaque contre les personnes qui héritent, mais c'est un comportement établi. C'est ce qu'on appelle l'effet Carnegie, c'est-à-dire que vous n'êtes plus motivé pour travailler parce que vous avez hérité et que vous avez ce capital qui vous permet de faire ce que vous voulez, de partir à la retraite plus tôt notamment. C'est tout à fait rationnel au niveau individuel. Si vous héritez, on constate les mêmes effets que quand on gagne au loto. Si vous gagnez au loto demain et que vous arrêtez de travailler, ce ne serait pas absurde ? Là, l'héritage produit le même effet, tant mieux pour les individus qui héritent, mais tant pis pour le pays qui lui va perdre parce que des personnes qui sont capables de travailler et qui auraient pu innover ne travaillent plus. Par conséquent, cela fait autant d'innovations, d'activités en moins et potentiellement de recettes fiscales en moins. Parce que ces gens-là vont moins payer d'impôts et moins contribuer aux finances publiques. Cela conduit à penser que taxer l'héritage peut permettre aux personnes de rester sur le marché du travail. Il y a alors un double gain : à la fois vous allez taxer l'héritage, donc l'État reçoit des recettes fiscales, à la fois la personne va continuer à payer des cotisations retraite et l'impôt sur le revenu si elle reste sur le marché du travail. Cela fait partie des effets positifs de l'impôt sur l'héritage.

Par ailleurs, ce qui a été montré concernant l'impôt sur l'héritage, c'est qu'il est plutôt efficace dans le sens où il ne va pas créer de distorsion, c'est-à-dire que les gens ne vont pas changer de comportement pour cet impôt-là. C'est moins vrai pour l'impôt sur le revenu par exemple ou l'impôt sur la fortune où on a toujours cet argument que les gens peuvent partir, qui reste souvent exagéré. Plusieurs études montrent que l'effet n'est pas si fort que ça pour l'impôt sur l'héritage.

Ce qu'on a montré aussi, c'est qu'il n'y a pas tant d'évasion fiscale que ça du point de vue de l'héritage. Les gens ne vont pas trop changer de comportement. Cela ne veut pas dire que personne ne réagit à l'impôt sur l'héritage, mais globalement c'est plutôt moins important que ce que l'on pourrait avoir en tête. En définitive, en tant qu'économiste ce n'est pas seulement la dimension juste ou injuste qui est importante, peut-être que les philosophes seraient mieux placés pour en discuter, mais notre angle d'attaque se résume par la question « est-ce que cet impôt est efficace économiquement ? ».

Concernant l'évasion fiscale, j'ai intitulé un chapitre « le grand contournement » où il est question des différents dispositifs d'exonération qui permettent de ne pas payer les droits de succession. Il y a les pactes Dutreil, les assurances-vie, les donations en nue-propriété, les non-taxations des plus-values latentes… Vous dites qu'il n'y a pas tant d'évasion fiscale que ça au niveau de l'héritage ?

Ce que vous notez ce n'est pas vraiment de l'évasion, c'est de l'optimisation. L'évasion c'est quand c'est illégal, soit vous partez vous-mêmes à l'étranger, soit vous mettez votre argent à l'étranger. Donc là tous les dispositifs que vous citez sont des dispositifs où vous pouvez rester en France justement parce que vous allez détenir des biens professionnels par exemple, ou parce que vous démembrez votre propriété. Vous échappez tout à fait légalement à l'impôt. Un des comportements extrêmes serait de se dire plutôt que l'imposition de l'héritage aurait pour conséquence une fuite du pays. En France, on ne sait pas qui quitte le pays ou qui revient, on ne sait jamais pour quelle raison on part, il n'y a pas un document à la frontière où vous dites « moi je pars pour des raisons fiscales, pour éviter cet impôt-là. ». On a donc observé les réactions à cet impôt au sein de pays qui sont des pays particuliers où le taux d'imposition peut varier à l'intérieur. Des pays comme la Suisse ou les États-Unis par exemple, que je cite dans mon livre, où pour la Suisse existent des variations assez fortes entre les cantons. C'est la même chose aux États-Unis entre les États américains, vous avez énormément de variation sur les questions sociales, l'avortement, la peine de mort... mais aussi fiscales, ce qui n'est pas toujours mis en avant. Ce qu'on peut tester dans ces pays c'est l'affirmation précédente selon laquelle les gens sont prêts à bouger dès que l'impôt varie. Logiquement, on devrait voir des migrations au sein des pays, qui seraient encore plus faciles car vous n'avez même pas besoin de changer de pays, de langue ou de culture. Vous changez juste de région dans votre pays. On devrait donc s'attendre à ce que les gens réagissent et à ce que tout le monde aille dans les États ou dans les cantons qui sont plus cléments fiscalement. En vérité, ce n'est pas ce qu'on observe. On ne sait jamais vraiment pourquoi, mais il n'y a pas de migration massive. Si vous ciblez les ménages plutôt âgés, donc retraités par exemple et qui vont transmettre dans quelques années leur patrimoine, on n'observe pas de migration vers les États les plus cléments sur le plan fiscal. Cela ne veut pas dire qu'il n'y a pas d'évasion fiscale, que personne ne bouge, mais ça veut dire que c'est quelque chose qui est probablement surestimé.

En transposant à la France, on ne sait pas ce qui se passe, peut-être que les Français sont plus réactifs ou moins que les Suisses ou les Américains, on ne peut pas savoir, mais s'ils se comportent comme les Suisses et les Américains, a priori ils ne bougent pas tant que ça.

Est-ce qu'il existe des pays où l'héritage a été aboli ? Ou au contraire l'héritage n'est pas taxé ? Je crois que c'est le cas de la plupart des pays de l'OCDE. Est-ce que cette utopie-là que je propose dans mon livre existe ou a existé ?

Aujourd'hui, on est plutôt vers une tendance à une abolition, non pas de l'héritage, mais de l'impôt sur l'héritage dans beaucoup de pays, ou en tout cas une baisse quelquefois assez massive. La France fait partie des pays qui n'ont pas trop changé leur impôt. La France ne taxe pas plus aujourd'hui qu'avant, mais vu que tout le monde taxe beaucoup moins, la France reste aujourd'hui dans les pays qui imposent le plus l'héritage. Justement, ce que vous disiez tout à l'heure, c'est qu'il y a beaucoup de dispositifs en France qui peuvent faire réduire très fortement la facture fiscale. Nous avons des taux et des barèmes affichés qui sont restés les mêmes, mais on a tellement multiplié ces dispositifs-là que la France est aussi un pays dans lequel les impôts ont baissé. Souvent on va s'arrêter aux taux pratiqués en disant « regardez, la France est un pays qui impose beaucoup plus que tout le monde », ce n'est pas totalement faux mais il faut être assez prudent sur ce qu'on raconte.

En revanche par le passé ça a pu arriver. Il n'y a pas eu d'abolition totale de l'héritage mais vous avez des pays qui sont peut-être étonnants à mobiliser aujourd'hui, comme les États-Unis, le Royaume-Uni ou même la Suède qui ont taxé très fortement les héritages, sans les supprimer pour autant mais en les plafonnant. Cela permettait aux gens fortunés de transmettre du patrimoine, mais de taxer quasiment à 100 % au-delà d'un certain seuil. Cela correspond à ce que proposait la France insoumise aux dernières élections présidentielles en disant « au-delà de 12 000 000 d'euros, on prend tout ». Donc le taux d'imposition serait de 100 %. Là, les États-Unis taxent, non pas à 100 % mais à 90 ou 95 certaines années, la Grande-Bretagne l'a fait aussi, la Suède c'était plutôt autour de 70, 75 % ce qui reste assez élevé. Surtout, si on revient sur les États-Unis et le Royaume-Uni, ce n'était pas la lubie d'un président démocrate ou républicain, ça a été fait pendant 50 ans ! Des années 30 aux années 80 où on a donc plafonné l'héritage. C'est aussi un exemple à utiliser pour dire que ça n'a pas détruit le pays. C'est plutôt une période où il y a évidemment plein de choses qui ont changé par rapport à aujourd'hui, mais des périodes plutôt dynamiques d'un point de vue de la croissance économique. C'était souvent accompagné de taxation très progressive sur les revenus par exemple. Généralement, en fiscalité vous allez traiter les impôts les uns avec les autres, vous pouvez avoir des règles séparées, mais souvent cela reste une vision d'ensemble. Donc il y avait aussi quasiment un plafonnement des revenus, notamment du capital. Cela n'a pas conduit les États-Unis dans le chaos total, c'est plutôt une époque où les gens ont continué à innover, pareil en Grande-Bretagne. Il y a tout un travail qui est souvent mentionné par Thomas Piketty, qui démontre que depuis que les taux ont très fortement baissé aux États-Unis, la croissance est moins forte. Quand vous prenez la croissance économique des années 30 aux années 80 ou des années 80 à aujourd'hui, vous avez un point de croissance annuelle en moins. Ça ne veut pas dire qu'il y a une relation de causalité parfaite entre les 2, il y a plein de choses qui ont changé, mais en tout cas ça n'a pas été une catastrophe totale ni du point de vue social, ni du point de vue économique.

Je propose une dotation universelle de 50 000 € à 18 ans pour tous, en échange d'un service civique. Est-ce que c'est quelque chose qui, dans le monde économique et universitaire, est débattu aujourd'hui ? Quel est votre avis là-dessus ?

C'est davantage débattu dans le monde politique que dans le monde universitaire, c'est recommandé en France par Thomas Piketty par exemple. Je suis plutôt favorable à ce genre de dispositif parce que cela permet d'avoir cette autonomie que peuvent avoir les héritiers. Il y a plein de questions qui se posent : est-ce que 50 000 € c'est suffisant pour avoir une autonomie et assumer des choix de vie ? Les choses auxquelles on peut penser en premier, c'est par exemple l'idée de prendre une année sabbatique où je fais des choix d'études et je me laisse le droit à l'erreur, ce qui est aujourd'hui possible pour certains. Si vous avez vos parents derrière qui vous assurent, pas forcément à travers un héritage mais à travers le paiement de votre loyer par exemple, vous pourriez le faire. À l'inverse, si vous êtes boursier du CROUS, vous n'avez pas cette liberté-là. Pourtant, c'est une liberté qui est très importante tout comme la liberté de changer de carrière. Le patrimoine permet cela, et ne pas hériter vous empêche d'être libre. C'est un élément qui est assez problématique. Cela me paraît donc positif. Évidemment, si l'objectif premier est de réduire les inégalités, et pas juste de donner de l'autonomie aux individus, c'est aussi un outil puissant parce que c'est utile de supprimer ou même de plafonner les héritages, mais ça ne change pas grand-chose pour la personne qui n'hérite pas. Elle, elle n'héritait pas avant et elle n'hérite toujours pas une fois que vous avez supprimé l'impôt. Si à l'inverse vous utilisez les recettes qui découlent de votre impôt ou n'importe quelle autre recette pour transférer un capital, là vous passez de 0 à 50 000, donc vous allez réduire les inégalités des 2 côtés. Concrètement, vous allez raboter le haut et faire passer de 0 à 50 000 le bas, ce qui est très puissant pour s'attaquer aux inégalités.

Vient ensuite la question des paramètres et combien vous mettez, à quel moment vous le donnez ? Est-ce que c'est vraiment universel ? Est-ce que c'est conditionné à plusieurs critères ? Tous les paramètres sont importants. Est-ce que ça doit se substituer à d'autres formes de transferts sociaux ou est-ce que c'est complémentaire ? Il y a vraiment des gens très libéraux qui peuvent vous dire : « on vous donne 50 000 mais après c'est chacun pour soi et vous n'avez plus aucune aide ». Pour finir, j'ai plutôt une vision positive de cette dotation car elle change complètement la manière de faire votre vie.

Chapitre 3
Quand Beaumarchais avait raison

« Qu'avez-vous fait pour tant de biens ? Vous vous êtes donné la peine de naître, et rien de plus »

Le mariage de Figaro

Dans *Le mariage de Figaro* de Beaumarchais, l'iniquité que constitue l'héritage est illustrée avec grande justesse : *« Qu'avez-vous fait pour tant de biens ? Vous vous êtes donné la peine de naître, et rien de plus ».*

Dans Bel-Ami de Maupassant, l'ascension sociale du héros dépend de ses relations avec des femmes bourgeoises. La richesse ne s'obtient pas par le travail mais par la pertinence de l'alliance, par l'entrée dans un milieu social précis. Ces ouvrages d'un autre temps brossent le tableau d'une société française qui ressemble à s'y méprendre à celle d'aujourd'hui. La société décrite par Beaumarchais ou Maupassant est pourtant celle d'un XVIIIe puis d'un XIXe siècle sclérosés de masses de granits qui n'ont pas pour objectif de structurer un pays pour le préparer à son avenir, mais au contraire de l'enfermer sur des richesses passées profitant à des personnes bien nées.

Cette société où l'accumulation du capital permettait de vivre sans travailler, et où la grande masse laborieuse ne pouvait compter que sur sa force physique pour assurer sa survie était purement bourgeoise. Elle n'a pas changé et pour le vérifier il suffit de se reporter sur les études relatives à la richesse des familles de Florence et des familles anglaises, que j'évoquais précédemment.

C'était une société de rentiers, où le travail rapportait moins que le capital. Et cette tendance se retrouve aujourd'hui.

Cette accumulation de capital ne pouvait exister que par la cristallisation des profits générés par le travail et accaparés par une minorité détentrice des moyens de production.[1] Le XXIe siècle n'échappe pas à ce constat malgré l'avancée des moyens pour récolter l'impôt, les études réalisées sur les inégalités de patrimoine et la puissance de l'État.

Le retour à une société de rentiers

Un retour, oui, car le travail a longtemps rapporté davantage que le capital. C'est le cas pendant les Trente Glorieuses (1945-1975) notamment, mais aussi des périodes de conflits mondiaux (14-18 et 39-45 en Europe) où l'argent disponible était alors mis au profit des différentes économies de guerre. Le patrimoine, condensé de capital, a littéralement été détruit par ces guerres. Il faut également noter l'introduction en 1914 en France de l'impôt sur le revenu qui a grignoté petit à petit cette richesse, sans oublier bien sûr l'importante inflation qui caractérise le XXe siècle.

L'image du rentier était celle d'un oisif profitant d'un patrimoine important. Qu'en est-il aujourd'hui ?

Le patrimoine est inégalement réparti dans la population française[2]. Cela ne constitue pas une surprise. La restitution de l'étude opérée par le site Vie publique montre que la *moitié des ménages* déclare :

- un *patrimoine brut supérieur à 177 200 euros*, contre 166 100 euros début 2018 (soit une hausse de 6,7 %) ;

- un *patrimoine net supérieur à 124 800 euros*, contre 119 600 euros en 2018 (+4,4 %)

Le patrimoine médian, c'est-à-dire celui partageant la population en deux parts égales, est donc équivalent à 124 800 euros : une moitié a moins, une autre a plus.[3] Les 1 % les plus riches ont un patrimoine brut supérieur à 2,24 millions d'euros. Celui des 10 % les mieux dotés dépasse 716 300 euros. Les 10 % les plus pauvres

[1] Cette analyse a été proposée par K. Marx et F. Engels notamment dans l'ouvrage *Le Capital.*

[2] Début 2021, 92 % des avoirs patrimoniaux sont détenus par la moitié des ménages Aliette Cheptitski, Pierre Cheloudko, Claire Hagège, Orlane Hubert (Insee).

[3] Le patrimoine selon l'âge, Observatoire des inégalités (28 février 2023).

possèdent au maximum 4 400 euros (3 000 euros une fois les emprunts déduits).

L'étude précise la composition du patrimoine, répartie entre de l'immobilier, des actifs financiers, du patrimoine professionnel et résiduel.

Le patrimoine immobilier est le plus important (62 % du total) et comporte essentiellement la résidence principale, laquelle est propriété de six ménages sur dix.

Les actifs financiers, eux, sont caractérisés par une grande diversité de nature pour les ménages aisés et à l'inverse un manque de diversité pour les ménages les moins favorisés. Ils représentent 21 % du patrimoine total. Ainsi, les 10 % les moins dotés en patrimoine financier détiennent au maximum 400 euros, et les 10 % les mieux pourvus au moins 150 000 euros. Ces richesses sont souvent réparties entre des assurances-vie, comptes épargne logement, valeurs mobilières tandis que les moins aisés ne disposent souvent que de simples comptes courants ou livret A.

Le patrimoine professionnel quant à lui représente 11 % du total et est indispensable aux professions comme agriculteurs ou commerçants.

Enfin, le patrimoine résiduel entendu comme patrimoine d'usage à savoir les voitures, équipements d'intérieurs ou bijoux représente 6 % du total.

Il est à noter que le patrimoine médian dont il était question plus haut est à analyser en tenant compte de l'âge des détenteurs. En effet, la grande majorité des jeunes ne détient rien ou presque. Le patrimoine grossit avec les années et l'apparition des cheveux blancs.[1]

Les rédacteurs de la note du Conseil d'analyse économique[2] concluent qu'après un reflux des inégalités de patrimoine et une forte mobilité économique et sociale durant la seconde moitié du XXe siècle, l'héritage redevient un facteur déterminant dans la

---

[1] Annexe 4.

[2] *Repenser l'héritage : analyses supplémentaires*. Conseil d'analyse économique. Décembre 2021.

constitution du patrimoine dans les pays industrialisés. Celui-ci représentait en effet 300 % du revenu national en 1970, il pèse aujourd'hui 600 %. *Par ailleurs, la part de la fortune héritée représente désormais 60 % du patrimoine total, contre 35 % en moyenne il y a 50 ans.*

L'élément majeur à saisir réside dans la somme des transmissions qui représentait moins de 5 % du revenu national en 1950 et qui dépasse aujourd'hui les 15 %.

Vous l'aurez compris, pour devenir riche, mieux vaut hériter que mériter.

Encore faut-il connaître les règles entourant l'héritage.

Chapitre 4
Les règles des successions : l'essentiel à savoir

Lorsqu'il est question de l'héritage, nous pensons tout de suite à la succession suivant le décès d'une personne. Pourtant, il existe aussi les donations : la transmission durant le vivant.

Avant de proposer une réforme de l'héritage, il faut connaître les règles qui l'encadrent. Je vous propose un tour d'horizon de ces règles. Aujourd'hui, la loi française permet aux conjoints mariés d'être exonérés totalement de droit de succession, ce qui n'est pas le cas pour les personnes pacsées. L'exonération est aussi totale jusqu'à 100 000 euros en ligne directe, c'est-à-dire lorsque le lien de filiation concerne le parent et l'enfant. À partir de l'abattement de 100 000 euros, le taux d'impôt est variable selon la valeur de la transmission. La valeur de l'actif concerne la maison, la voiture, les meubles et les comptes bancaires par exemple. Toutes ces informations sont réunies au sein d'une déclaration de succession qui indique à l'administration fiscale l'identité de la personne décédée, les héritiers, le montant de cette transmission pour chacun d'eux et la fiscalité appliquée à cette dernière. Le paiement des droits de succession doit s'effectuer dans les six mois suivants le décès, au-delà des pénalités de retard seront dues par les héritiers.

Il est loisible pour les héritiers d'accepter ou non l'héritage : s'il y a plus de passifs (dettes) que d'actifs, il est ainsi possible de renoncer à cette transmission. Par ailleurs, il est impossible en France de déshériter ses enfants, alors qu'il est possible de déshériter (en partie) son conjoint. Toutes ces règles sont vues avec le notaire qui gère la transmission. Cela entraîne évidemment des frais et si le notaire ne parvient pas à trouver un accord avec les héritiers, le litige peut être réglé en justice.

Voici les taux actuels des droits de succession en ligne directe (parent/enfant). Ils s'appliquent dès le premier euro touché après l'abattement de 100 000 euros et sont progressifs. Autrement dit, plus la somme transmise est élevée, plus les taux sont importants. Le niveau de l'abattement en ligne dépend du lien de filiation entre l'héritier et la personne décédée directe.

ABATTEMENT APRÈS 100 000

Jusqu'à 8 072 €	5 %
De 8 073 € à 12 109 €	10 %
De 12 110 € à 15 932 €	15 %
De 15 933 € à 552 324 €	20 %
De 552 325 € à 902 838	30 %
De 902 839 € à 1 805 677 €	40 %
Plus de 1 805 677 €	45 %

On remarquera que la progressivité est perfectible notamment pour la quatrième tranche caractérisée par un écart de plus de 500 000 euros entre la première somme et la dernière somme sur lesquelles s'applique le taux de 20 %.

Mais la transmission d'un patrimoine ne se limite pas à la succession après le décès, elle peut avoir lieu durant le vivant du donateur. C'est le régime de la donation.

La donation est un acte par lequel une personne transmet de son vivant et gratuitement la propriété d'un bien à une autre personne. Pour ce faire, trois conditions sont nécessaires :

- Être sain d'esprit.
- Être majeur ou mineur émancipé.
- Posséder la capacité juridique, c'est-à-dire l'aptitude d'une personne (physique ou morale) à avoir des droits et des obligations et à les exercer elle-même (exemples : droit de conclure un contrat, droit d'agir en justice).

Tout le monde peut être donateur et la donation peut se faire à l'égard de n'importe qui (enfants, petits-enfants, conjoints, personne étrangère à sa famille, associations…). Il est possible de donner tout bien dont on est propriétaire à condition d'organiser la donation avec un notaire. Comme il n'est pas possible de déshériter ses enfants, seule une partie du patrimoine peut être légué, à savoir la « quotité disponible ». La part réservée aux héritiers naturels est nommée « réserve héréditaire ».

Une fiscalité s'applique aux donations : ce sont les droits de donation et ils peuvent faire l'objet d'exonérations. L'abattement en ligne directe est aussi de 100 000 euros, comme pour une succession. Pour les autres situations, les abattements diffèrent.[1] Peu de familles ont les moyens d'opérer de telles donations car les inégalités économiques ne cessent d'augmenter en France. La plupart du temps, le débat porte sur les inégalités de revenus. Pourtant, ce ne sont pas celles qui génèrent les plus grands écarts entre les différentes classes sociales. La constitution d'un patrimoine est la conséquence logique de l'accumulation de capital. L'histoire de l'héritage c'est l'histoire du mode de production dans lequel nous évoluons depuis la première révolution industrielle, à savoir le capitalisme. Ce système profite à celles et ceux qui le connaissent déjà bien et qui en profitent, voire en abusent et en jouent : c'est le grand contournement.

L'AVIS PRÉSIDENTIEL : ENTRETIEN AVEC FRANÇOIS HOLLANDE

François Hollande a été président de la République (2012-2017) et est aujourd'hui député de Corrèze.

Président, au discours du Bourget, tu avais dit : « La gauche, je ne l'ai pas reçue en héritage, je l'ai choisie. » Pourrais-tu me dire quel est ton rapport à l'héritage, ce que tu penses du principe même de l'héritage ?

L'héritage n'est pas un fardeau, c'est une chance d'hériter. Hériter d'une éducation, d'une transmission, de ce qui a fait l'histoire d'une famille ou d'un pays. L'héritage même matériel : nous héritons toujours. Chaque génération hérite de la précédente,

[1] Faire une donation | Service-Public.fr 13 février 2023 - Direction de l'information légale et administrative (Premier ministre).

quelques fois pour le mieux ou pour le pire. C'est ce que disent notamment ceux qui sont attachés à la planète, en disant : « de quelle planète allons-nous hériter de nos parents et quelle planète allons-nous transmettre à nos enfants ? » Donc l'héritage fait partie de la construction d'une société. L'héritage c'est une histoire qui se transforme en avenir, c'est ce que nous avons comme capital, au meilleur sens du terme, au départ et qui permet de bâtir à partir de lui. Donc ça, c'est la fonction la plus noble de l'héritage. Parce qu'il n'est pas seulement individuel, il est aussi collectif. Il peut aussi s'agir du seul héritage patrimonial qui n'est pas simplement qu'un stock de connaissances ou une culture, mais qui peut être un certain nombre d'actifs que nous pouvons recevoir. À l'échelle d'une nation, l'héritage est nécessaire. À l'échelle d'un individu, l'héritage est concevable dans la mesure où c'est le travail ou l'épargne des parents qui trouve un sens quand il est transmis aux enfants. Même d'un point de vue socialiste ou d'un point de vue de gauche, il est légitime qu'une génération fournisse un effort pour que la suivante vive mieux. Là où le problème politique peut se poser, c'est lorsque l'héritage devient non plus une continuité, mais une reproduction. Par exemple, la continuité pour une entreprise c'est de savoir qu'elle peut être transmise à une nouvelle génération qui la fera prospérer. Mais la reproduction c'est lorsque finalement, sans aucun mérite, nous pouvons disposer d'un bien alors même que nous n'avons pas forcément toutes les qualités pour l'entretenir et le faire fructifier.

C'est une affaire de degré : jusqu'à quel point fait-on en sorte qu'il y ait une transmission et jusqu'à quel point nous considérons que la nation a une légitimité pour en prélever une partie et la mettre à disposition de tous ? Soit pour financer des politiques particulières, certains évoquent un impôt sur l'héritage permettant de financer la fin de vie (EPHAD). Ou simplement de dire qu'il doit servir à abonder le budget de l'État en général.

C'est tout ce débat très philosophique et politique qui est posé à travers la question de la fiscalisation de l'héritage.

Je propose une notation universelle de 50 000 € à 18 ans. Je crois que tu avais fait une proposition similaire, à 10 000 €.

Alors cette proposition a été mise dans le débat public à la fin de mon quinquennat. Elle a été reprise par Julien Dray. Il l'a étayé sur les GAFAM. J'ai même vu qu'Olivier Faure avait écrit sur le sujet donc c'est devenu une idée assez reprise. Tant mieux car il faut que les idées soient reprises par d'autres, elles n'appartiennent à personne.

La bonne idée, c'est qu'elle doit être d'un montant limité et qu'elle doit arriver à un moment de la vie où elle peut être utile. Si c'est pour dire à chaque naissance on vous donne 10 000 €, il est peu probable que l'enfant en trouvera le bon usage. Donc c'est à la majorité que l'on pourrait concevoir cette dotation dont la contrepartie pourrait être un service civique, qui peut être fractionné si on pense que c'est plus facile pour mener à bien des études.

Je pense que la dotation doit venir non pas simplement comme un don sans contrepartie, mais comme la preuve qu'à la hauteur d'un engagement personnel, il y a aussi un engagement de la nation qui vient lui donner son sens.

Cela peut être financé par un impôt sur les successions, oui, mais je pense qu'il ne faut pas faire de corrélation entre un impôt et son affectation. Par exemple, quand il a été créé l'impôt sur la fortune, du moins recrée en 1988, il avait été convenu que l'impôt sur la fortune devait financer le RMI, l'ancêtre du RSA. Et puis après, ça s'est perdu. Plus personne ne fait la comparaison entre ce que coûte le RSA et ce que rapporte l'ISF. D'autant que comme il n'y a plus d'ISF, il était à craindre qu'il n'y ait plus de RSA.

C'est légal d'affecter une dépense à une recette ?

Non, il faut faire un budget annexe.

Cela étant, le débat politique est le suivant : 75 à 80 % des successions ne sont pas imposées, et il y a 100 000 € d'abattement.

Est-ce qu'on peut aller plus loin ? Réactualiser cet abattement, l'élargir avec une réflexion pour les parents qui ne sont pas en ligne directe ? Il y a des gens qui n'ont pas d'enfants et qui souhaitent transmettre à un neveu, là l'impôt est fort. Ce n'est pas forcément juste. Peut-être qu'il faut essayer d'harmoniser toutes ces questions d'abattement et savoir jusqu'où on va dans le prélèvement sur les successions.

Une note du Conseil d'analyse économique aborde les pactes Dutreil et la nue-propriété, qui coûtent des milliards d'euros. J'ai également constaté qu'une dotation universelle de 50 000 € par an pour environ 800 000 jeunes représenterait un coût de 40 milliards d'euros, ce qui est considérable. Cependant, les exonérations comme le pacte Dutreil et la nue-propriété coûtent aussi beaucoup !

Comment sont nés les pactes Dutreil ? Il y avait un réel problème de transmission des entreprises et il fallait faire en sorte que l'impôt ajouté aux répartitions entre enfants n'aboutisse pas à ce que l'entreprise soit vendue, notamment à des étrangers. Je pense que l'interpellation était légitime afin que les entreprises restent françaises.

Mais c'est là où on s'est aperçu qu'il y avait des abus, qu'on mettait dans le pacte Dutreil tout ce qui relevait du patrimoine, du bien personnel, des œuvres d'art…que tout était fait pour échapper à la logique de l'impôt. Donc je pense qu'*il faut toiletter ce pacte Dutreil* pour qu'on ne dise pas qu'on va mettre en cause la transmission d'entreprise mais que ça doit être plafonné, parce qu'on arrive à des chiffres tout à fait extraordinaires. Cela peut aussi être rétréci dans son assiette. Mais dans le contexte actuel, c'est vrai qu'il y a une sensibilité assez forte. Dès qu'on va toucher à ce pacte, on aura de vives réactions car l'impôt sur les successions est contourné avec les déductions fiscales. Pourquoi les gens s'installent-ils en Belgique ? Parce que les droits sur les successions et donations sont particulièrement faibles, pour ne pas dire inexistants.

Se pose alors la question, notamment pour les pactes Dutreil, de l'importance de maintenir les entreprises sur le territoire national. Plus largement, cela soulève la question de la politique de l'offre et de la conditionnalité des investissements. Cela amène à une réflexion plus profonde : ce qui justifie une transmission d'entreprise ne devrait-il pas aussi inclure, comme cela avait été soulevé dans le cas du pacte de responsabilité ou du CICE, une exigence de conditionner les investissements sur le territoire ?

Oui, est-ce qu'on ne peut pas ajouter au pacte l'idée d'incessibilité de l'entreprise, sauf autorisation par l'État ? On peut. Ça ne serait pas de savoir exactement ce que les dirigeants font de l'entreprise, mais on ne peut pas avoir bénéficié d'un avantage fiscal et 5 ans, 10 ans après se débarrasser de l'actif en question.

Sur ces affaires de successions, il faut avoir une précaution : même ceux qui ne paient pas d'impôts sur les successions sont pour qu'il n'y en ait pas.

C'est le problème, c'est l'impôt le plus impopulaire.

Pourquoi c'est l'impôt le plus impopulaire ? Parce que tout le monde espère transmettre quelque chose, et notamment les gens modestes ! Et nous avons beau expliquer que leurs enfants n'auront aucun impôt à payer, ils ne veulent pas leur créer une situation délicate sur le plan fiscal.

Il faut bien expliquer l'histoire de l'abattement, peut-être même raccourcir le délai. Autrefois c'était 10 ans, je l'ai même moi-même porté à 15 ans. Aujourd'hui je pourrais relativiser ma position, c'est-à-dire que je pense qu'on a intérêt à ce que la donation intervienne le plus tôt possible dans la vie. Quand on a 50 ans, on a des enfants de 20 ans, ils peuvent avoir besoin de s'installer, on leur fait une donation. Donc je serais plus favorable à ce qu'on puisse favoriser les donations à plusieurs âges de la vie : 50 ans, 60 ans, 70 ans. Quitte à maintenir un prélèvement pour les successions.

En définitive, cela resterait dans les mêmes familles ? Mais cela ne renforce-t-il pas l'héritage comme mécanisme de reproduction ? Des études montrent que les grandes fortunes restent souvent dans les mêmes familles, sur plusieurs siècles. Je ne trouve pas juste qu'on puisse naître dans la « bonne famille » et dans la « mauvaise », qu'est-ce qui justifie que quelqu'un ait à toucher 100 000 euros tous les 15 ans ?

Oui, mais ça reste des familles de classes moyennes à 100 000 € malgré tout. Et psychologiquement, même pour ceux qui n'ont pas 100 000 € de patrimoine, le patrimoine moyen reste assez faible. Il faut prendre le patrimoine moyen en disant qu'il peut être transmis en franchise, soit au moment de la mort ou dans la vie. Alors après, il y a l'idée de renforcer le prélèvement sur ceux qui ont hérité d'une fortune considérable, immobilière ou financière. Ce qui est nouveau, et c'est pour ça que le prélèvement se justifie, c'est qu'autrefois les actifs financiers rapportaient assez peu car les marchés financiers étaient essentiellement nationaux avec peu de rentabilité. Le taux de rendement d'un placement d'action jusque dans les années 80 et 90 était assez faible. Aujourd'hui, c'est le contraire. Le rendement de l'épargne financière est important : on peut d'autant plus être rentier que le rendement l'est. De plus, les mesures prises sur la *flat tax* ont fait qu'il y a moins d'impôts sur le placement en action qu'en immobilier. L'immobilier on le saisit à plusieurs reprises : par l'impôt foncier local, les droits de mutation, l'imposition des plus-values, à chaque fois qu'il y a une transmission. L'immobilier est très taxé, et on peut le considérer comme un signe important de richesse. Qu'est-ce qu'on fait de son argent ? On achète généralement des maisons que les pauvres ne peuvent pas acheter par définition. Mais la grosse fortune n'est pas une fortune immobilière, elle représente une part significative d'un gros patrimoine mais l'essentiel du patrimoine des personnes les plus riches, ce sont les actifs financiers, soit sur des actifs d'entreprise par transmission soit parce qu'ils ont reçu des héritages qu'ils ont placés de la meilleure des façons et qui leur assurent un revenu important, dont des titres qui connaissent une augmentation significative de leur valeur.

Et si on allait plus loin ? Que penses-tu de l'abolition pure et simple de l'héritage ?

L'abolition de l'héritage, elle me paraît infaisable et soulèverait un mouvement populaire dont les plus fortunés auraient intérêt à ce qu'il soit puissant.

Par ailleurs je ne serai pas favorable, même au-delà de la question de la faisabilité, car il faut quand même que les biens se transmettent. Si on abolissait l'héritage, il faudrait remettre sur le marché les entreprises, les biens immobiliers à chaque génération. Ce serait un brassage qui créerait peut-être un appauvrissement car trop de biens arriveraient. Qui pourrait les acheter ? Dans quelles conditions ? Prenons un exemple caricatural, sur les châteaux, vous ne pouvez plus en hériter, qui va l'acheter ? L'abolition de l'héritage, d'ailleurs, n'a jamais été proposée, y compris dans les périodes les plus révolutionnaires.

Pourtant, Léon Blum avait proposé de supprimer l'héritage en ligne collatérale, et de le limiter à une seule génération en ligne directe. « Je vise en ce moment la propriété capitaliste telle que nous l'avons toujours et constamment définie et pense que nous pourrions envisager dès à présent l'interdiction absolue de toute succession en ligne collatérale. Dans une succession, excepté la ligne descendante directe, il n'y aurait pas d'autres héritiers que la nation, et dans la ligne descendante directe elle-même, la transmission successorale serait limitée à une génération » dit Blum.

Sa citation est prudente quand même parce qu'il élimine les collatéraux, certes, mais maintient la ligne ascendante. Ça voudrait dire, si on le suit, que tu pourrais transmettre une fois. Et ce que tu aurais transmis une fois, tu ne pourrais pas le retransmettre.

En gros tu as à la fin de ta vie 100 de patrimoine. Sur ces 100 tu en as hérité de 20. Donc ces 20-là tu ne peux pas les transmettre à ton tour.

Cela constitue bien une limitation de l'héritage !

Oui, mais limitée.

Le groupe parlementaire socialiste s'était opposé à la proposition de Blum, il la trouvait trop audacieuse.

De quand date cette proposition ?

1946.

La proposition est moins révolutionnaire qu'on ne le pense, mais elle est déjà audacieuse.

En revanche, la dotation universelle, selon les moyens financiers dont nous disposons, ainsi qu'un prélèvement accru sur les transmissions, c'est bien sûr envisageable. Et cette question est d'autant plus d'actualité que l'ISF a été supprimé. Il y avait deux approches pour toucher au patrimoine : soit taxer sa détention, soit taxer sa transmission. Certains disaient qu'on ne pouvait pas cumuler les deux, que cela faisait tout de même beaucoup. Alain Minc allait même jusqu'à proposer de déduire de l'impôt sur les successions pour les héritiers tout ce qui avait été versé par les parents au titre de l'ISF. C'était irréalisable.

Mais maintenant que l'impôt sur la fortune a été supprimé, cela justifie que nous revenions sur la question du patrimoine.

Merci Président.

Chapitre 5
Le grand contournement

Un phénomène assez étrange est répandu en France. Il concerne l'impôt sur les successions, rejeté par une majorité de Français alors qu'il ne concerne que 13 % de la population. Cette perception erronée paralyse les responsables politiques.

L'héritage : la caricature que l'on veut bien en faire

L'héritage est entouré de préjugés si imprégnés dans la population qu'il faut du temps et de la patience pour les dissiper. Évidemment, l'existence de tels préjugés n'est pas due au hasard mais bien à des discours ayant pour objet de conserver un modèle qui favorise une riche minorité détentrice de beaucoup au détriment d'une pauvre majorité propriétaire de peu.[1]

Et pourtant…

Et pourtant la critique de l'héritage ou la simple réflexion sur une augmentation des droits de succession est diabolisée dans le débat public. Au point que si nous étions dans un État religieux, critiquer l'héritage relèverait du blasphème. La perception de l'héritage en France, et plus précisément des droits de succession, est simple : c'est un impôt sur la mort et tout le monde y est soumis.

Rétablissons les faits.

Le manque d'information sur ce sujet entretient l'idée que tout le monde est susceptible de payer des droits de succession, alors qu'en réalité, on l'a vu, 87 % des Français héritant de moins de 100 000 euros, seuls les 13 % des héritiers restants, qui touchent plus de 100 000 euros, sont théoriquement soumis à l'impôt sur les

[1] Un « impôt sur la mort » : Éric Ciotti veut supprimer droits de succession et de donation – Boursorama.

successions. Et parmi les plus riches, beaucoup bénéficient d'une armada de niches fiscales leur permettant de se dérober à l'impôt et donc de ne pas le payer. En définitive, une très faible portion de la population y est soumise, ce qui entraîne une forte méconnaissance de cet impôt : 17 % de la population affirment ainsi ne pas connaître les taux appliqués, quand 25 % affirment que les taux vont de 20 à 40 %.[1]

C'est aussi le cas pour les aides sociales, notamment le chômage, dont les mécanismes sont mal connus : le discours « il y a trop d'assistés », « ce sont des feignants », « ils ne travaillent pas »[2]... n'est pas naturel, il découle d'une volonté politique conservatrice et arriérée, à l'encontre tant de la raison que de l'esprit même de notre régime qui se veut solidaire (le programme du Conseil National de la Résistance l'illustre).

Il faut noter que cette lutte contre l'assistanat n'est paradoxalement pas affirmée quant aux diverses exonérations fiscales permettant aux plus aisés d'éviter de participer à l'effort collectif...[3]

Mille et une stratégies d'évitement des successions par les riches

« Fraude fiscale. Sport élitique considéré comme un signe extérieur de richesse. »

J. Mailhot

La frontière entre fraude fiscale et « optimisation » fiscale est ténue. L'une est illégale, l'autre non. Cette dernière n'est possible que si l'on dispose de moyens considérables pour payer des avocats fiscalistes spécialistes du contournement de l'impôt. Quelles sont alors les exonérations liées au régime des donations ? Il est intéressant de noter par la même occasion qu'il existe des

---

[1] Annexe 7.

[2] « Assistanat » : deux tiers des Français pensent qu'il y a trop d'aides. Une majorité de Français estime que le niveau d'« assistanat » est trop élevé en France, selon un sondage Elabe pour *Les Échos*.

[3] « Les assistés de la France d'en haut » (inegalites.fr).

dispositifs peu connus mais largement utilisés pour diminuer les droits de succession des ménages les plus aisés.

- *Les exonérations liées aux donations*

Certaines sommes d'argent sont exonérées d'impôts : c'est le cas des sommes d'argent reçues pour une occasion particulière (anniversaire, mariage, naissance, réussite à un examen), il n'y a rien à payer mais la somme offerte doit être raisonnable, c'est-à-dire proportionnée aux revenus de celui qui l'offre. Concernant les biens mobiliers, il faut déclarer et payer des droits selon la valeur estimée du bien reçu : ils nécessitent l'intervention d'un notaire. L'exonération dépend de la nature du bien.

- *Les exonérations sur les successions*

En plus des exonérations liées aux donations, il existe des dispositifs fiscaux permettant aux plus riches de ne pas payer – ou très peu – de droits de succession. Du vivant de leurs parents, les enfants de personnes aisées peuvent bénéficier (en ligne directe donc) de 100 000 euros exonérés d'impôts tous les quinze ans. C'est un premier mécanisme permettant de contourner les droits de succession. Ce n'est pas le seul. En effet, il est possible de faire jouer la transmission d'entreprises ou les assurances-vie. Aussi, la transmission de biens immobiliers en « nue-propriété avec réserve d'usufruit » permet une moindre estimation de la valeur du bien. Il en est de même avec les Pactes Dutreil ou encore l'effacement des plus-values latentes à la succession.

À eux seuls, ces mécanismes feraient perdre plus d'une dizaine de milliards chaque année aux caisses de l'État, selon les estimations du Conseil d'Analyse économique.[1]

En quoi consistent-ils précisément ? La note du CAE est éclairante et j'y puise l'intégralité des données suivantes.[2]

---

[1] Note « Repenser l'héritage : analyses supplémentaires ». Conseil d'analyse économique. Décembre 2021.

[2] Je vous recommande chaleureusement la lecture de cette note (et sa note complémentaire) pour une approche plus précise encore. Le travail opéré par Camille Biernat, Clément Dherbécourt, Gabrielle Fack, Étienne Fize, Nicolas Grimprel, Camille Landais et Stefanie Stantcheva pour récolter toutes ces données

- Pactes Dutreil : ils prévoient une exonération de 75 % sur les biens professionnels en vertu des effets positifs sur l'investissement, l'emploi et la survie des entreprises en présence de contraintes de crédit qu'ils sont censés générer. Leur coût : 2 à 3 milliards d'euros par an. C'est un outil privilégié lors de donations en vue d'optimiser son patrimoine.[1]

- Assurances-vie : elles correspondent aux montants versés à la suite d'un décès, soit environ 40 milliards d'euros par an. Elles bénéficient de plusieurs exemptions estimées à une perte de 5 milliards d'euros par an pour les finances publiques.[2]

« Seule une partie très minoritaire des sommes transmises par assurance-vie est soumise au barème d'imposition sur les transmissions d'assurance-vie, qui prévoit un taux d'imposition de 20 % entre 152 500 et 852 500 euros puis 31,25 % au-delà de 852 500 euros. Si ce barème était appliqué sur l'ensemble des montants transmis, les prélèvements devraient être de 2 milliards par an environ, soit neuf fois plus que les prélèvements constatés » précise la note du CAE.

- Donations en nue-propriété avec réserve d'usufruit : en 2006 la valeur de ces donations correspondait à 45 % du total des donations. Leur coût pour le contribuable est estimé à 2 milliards d'euros par an.

- Non-taxation des plus-values latentes en cas d'héritage ou de donation : concerne seulement le haut de la distribution des patrimoines.

Ces différents dispositifs d'évitement de l'impôt ne sont accessibles qu'à une minorité ayant connaissance de leur existence. Ils ont un impact considérable sur les finances publiques, au moment où le « quoi qu'il en coûte » s'est transformé en « attention banqueroute ». Il est en effet aujourd'hui demandé des efforts importants d'économies à différents services et souvent au détriment des services publics essentiels. Ces dispositifs d'évitement sont donc en

---

et les agréger dans la note « Repenser l'héritage » est titanesque. Il permet de nourrir grandement cet ouvrage

[1] Annexe 5.

[2] Annexe 6.

contradiction totale avec la volonté affichée d'équilibrer les dépenses publiques. En revenant sur certains de ces outils, il serait possible de disposer d'une manne financière très importante tout en assurant la justice fiscale. Proportionnellement, les plus riches paient donc moins d'impôts que les classes moyennes supérieures, assène encore le Conseil d'analyse économique. *« Dans le haut de la distribution,* écrit-il, *le top 0,1 % de chaque cohorte, qui aura reçu au cours de la vie environ 13 millions d'euros de transmissions brutes, ne paie qu'à peine 10 % de droits de succession sur l'ensemble de ce patrimoine hérité ».* Une proportion très éloignée du taux marginal de 45 % affiché par le barème au-delà de 1,8 million d'euros transmis en ligne directe.

Comme le déclare Nathalie Couzigou-Suhas, notaire à Paris et autrice de *L'héritage pour les nuls :* « Il faut arrêter de dire qu'il y a beaucoup de droits de succession, ce n'est pas faux, mais pour payer 45 %, il faut un énorme patrimoine et ne pas avoir transmis de son vivant ».

« Ne pas avoir transmis de son vivant », c'est-à-dire ne pas avoir eu connaissance des possibilités énormes d'optimisation fiscale, autrement dit d'évitement de l'impôt, et/ou ne pas les avoir appliqués ! On parle donc bien pour la plupart des personnes les plus riches d'une volonté :

- Organisée (par ceux qui disposent des connaissances requises)
- Répondant au seul objectif de ne pas être soumis à l'impôt

La question que beaucoup se posent est : « si c'est autorisé par la loi, où est le problème ? » nous vivons dans une période où des efforts importants sont demandés sur le plan budgétaire par exemple au point de couper dans les moyens alloués à la transition écologique.[1] Le principe de justice fiscale, qui tend à faire contribuer chacun selon ses moyens, devrait guider l'action publique. En maintenant des dispositifs souvent peu connus du grand public et profitant à une minorité déjà aisée, la République n'est pas en phase avec son article 1er de la Constitution qui clame

[1] Le gouvernement coupe 10 milliards d'euros dans son budget, l'environnement contribue pour 20 % (huffingtonpost.fr).

qu'elle se doit d'être sociale. Le tout étant au profit des plus aisés et au détriment des services publics.

Cet évitement s'appelle une sécession.

Sécession : Nom féminin. Action par laquelle une partie de la population d'un État se sépare de l'ensemble de la collectivité.

Les avis ministériels : entretiens avec Jean Auroux et Michel Sapin

Entretien avec Jean Auroux

Jean Auroux a été le premier ministre du Travail de François Mitterrand. On lui doit la mise en œuvre des lois éponymes, instaurant les 39 h, la 5e semaine de congés payés, la retraite à 60 ans ou bien encore la création des CHSCT…

Jean, je voulais d'abord savoir : quand on te parle d'héritage, toi qui as été ministre du Travail, qu'est-ce que cela t'évoque ? Est-ce que c'est positif? Négatif?

Je distingue deux choses : l'héritage particulier et les successions d'entreprise. Concernant les particuliers, je pense qu'il y a des problèmes d'inégalités de revenu et de patrimoine. Cela pose un problème de société : un petit nombre de gens possède une fortune équivalente à celle de milliers de citoyens qui n'ont même pas de quoi vivre. Pour les particuliers, je dirais deux choses : on ne peut pas non plus faire l'impasse sur les relations familiales. C'est-à-dire que si tu as des enfants, en mettant un plafond, tu n'es pas obligé de leur léguer un milliard. Donc, je propose un plafond variable en fonction de la proximité du donateur. Le problème, c'est aussi la finalité des droits de succession. Où vont-ils ? À l'État ? Un peu au notaire ? Moi, je ne supprime pas totalement le principe de l'héritage, car la famille existe et il faut en tenir compte en fonction des degrés de proximité. Deuxièmement, je propose un plafond et, si tu veux bénéficier d'une exonération, l'État te dit :

« Sur un minimum de 300 000 €, si tu veux payer moins de droits, il faut que l'argent exonéré n'aille pas à l'État, mais à une association ou à une fondation. » Cela me semble intelligent, car c'est de l'argent qui est réinvesti dans des circuits collectifs et solidaires.

Quand tu as été nommé ministre en 81, est-ce que l'héritage était une question pendant la campagne ?

Non, pas du tout. Mon rapport portait sur les nouveaux droits des travailleurs. C'étaient à la fois des droits individuels et des droits collectifs (CHSCT, comité d'entreprise). C'était plutôt sur les institutions. Ces questions étaient plutôt réservées aux juristes. Quand Mitterrand m'avait proposé de refaire le Code du travail, j'ai dit « Président, je ne suis pas juriste ! ». Sa réponse était : » il n'y a pas de problème, vous êtes maire d'une ville ouvrière, vous savez ce que c'est que du travail et vous trouverez les juristes pour mettre en forme. Vous, vous avez les idées ».

Avec l'héritage qui prend de plus en plus de place, quelle place pour le travail ?

Il y a 40 ans on était dans une société où le poids de la finance spéculative, anonyme et apatride n'avait pas le poids d'aujourd'hui. Elle était marginale. La question ne se posait pas. L'héritage relevait du droit, c'était Badinter. Mitterrand n'a jamais été très porté sur ces questions-là. Son boulot, comme le mien, c'était le monde du travail. Quand j'ai eu fini mes lois et ordonnances sur le temps de travail, les conditions de travail… j'avais souhaité me reposer parce que c'était un boulot énorme avec les partis politiques, les syndicats…

Les pactes Dutreil, la transmission de l'entreprise, ça touche le travail. Que penses-tu de ce qui permet d'exonérer les droits de succession ?

De mon côté, je propose une exonération qui est la suivante : un chef d'entreprise pourrait ne pas payer les droits qu'on lui demande si et seulement s'il transforme le pourcentage de taux qu'on lui demande en représentation salariée au Conseil d'administration.

Ça pose effectivement le problème de la répartition actionnariale et de la différence entre les actionnaires permanents, qui s'investissent vraiment depuis des années, et puis des nomades qui viennent quand ça va bien et qui partent vite quand ça ne va pas. Ton idée ne me déplaît pas. D'abord, sur la question du travail, j'ai proposé la cogestion dans mes lois. La CGT m'a dit : « tu ne vas quand même pas nous faire gérer le capital ! ». Ce qui est logique !

Cela ne renforçait pas plutôt les syndicats ?

Il y a deux aspects : un idéologique – gérer le capital est un sujet tabou – et un plus pratique. Si l'entreprise traverse une crise, c'est difficile de demander aux représentants du personnel de valider des décisions douloureuses. C'est pourquoi je suis plutôt favorable au Conseil de surveillance. Il intervient sur les grandes orientations stratégiques, ce qui permet de garder une certaine distance par rapport à la gestion quotidienne.

Les syndicats disaient « on ne veut pas prendre le risque de prendre des mesures difficiles dans notre entreprise » ? Ils ne veulent pas les responsabilités ?

Tout à fait. Parce que les gars me disaient : « si on avalise les licenciements, on est mort, même si cela a une application juridique, économique et financière. » Mitterrand était pourtant assez ouvert.

Au PS, il y avait bien eu les thèses de l'autogestion par le PSU de Rocard, c'était d'actualité ou pas du tout ?

Ça, c'était Rocard, moi j'étais avec Mauroy. Mais tous ceux qui étaient proches du monde ouvrier, ils étaient tous très réservés sur l'autogestion : « On n'a pas tous les éléments, on ne nous donnera pas tout ». Moi je suis plutôt pour les conseils de surveillance renforcés qui permettent d'avoir toutes les données du problème.

Ce Conseil de surveillance, il a un pouvoir ?

Ça dépend lesquels, car cela se fait aussi par convention d'entreprise. Il y en a qui sont à la portion congrue. Sur l'entreprise, il faut supprimer Dutreil. Une chose qui me choque en permanence, c'est le commerce d'entreprise. Je sais bien que c'est la vie économique mais le commerce d'entreprise permanent qui consiste à acheter, puis vendre l'entreprise, sans qu'elle soit nécessairement malade, c'est choquant ! Alors les salariés partent avec ! Quand ils peuvent garder leur statut, ça va, mais c'est rare. Là, les conseils de surveillance peuvent intervenir, en s'opposant à des cessions d'entreprise, à des ventes d'entreprise, à des reconfigurations d'entreprise.

Il est composé de qui ce conseil ?

Moi, je suis assez pour un « fifty-fifty » : syndicats, membres du personnel et direction. Ceux qui apportent le travail et ceux qui apportent le capital.

Je suis étonné de ce que tu me dis sur la réponse des syndicats, c'est un aveu de faiblesse de dire qu'on ne peut pas prendre le risque d'être en responsabilité parce qu'il y aurait la cogestion. Ils pourraient permettre une meilleure rémunération des salariés, de meilleures conditions de travail...

La raison principale d'E. Maire c'est : « on n'est pas prêt ». Les gens ne sont pas prêts à être gérants d'une entreprise pour des raisons économiques, sociales, technologiques. La bonne volonté pour gérer une entreprise ne suffit pas. En revanche, Bergeron (CGT) me dit : « ce n'est pas mon boulot de gérer, moi j'ai deux problèmes, dans ma boutique, j'ai des gars de droite et des gens de gauche. Comment veux-tu que je m'en sorte ? »

Et l'intérêt de classe ? Ils avaient bien un même intérêt, même s'il y avait des ouvriers de gauche ou de droite !

Ils avaient l'intérêt du porte-monnaie. Surtout, à l'époque, il y avait moins de syndicats que de syndiqués. Et alors, les chrétiens disaient « ce n'est pas ce que nous cherchons, nous c'est la dimension humaniste ».

Il y avait aussi les cadres, qui disaient : « nous on veut bien être associés mais notre ligne rouge c'est que l'encadrement reste un syndicat à part ». En Allemagne ça n'existe pas. C'est une spécialité française, eux disaient : « une seule chose nous intéresse, c'est de garder notre statut de syndicat spécifique avec les caisses de retraite notamment ». Le paysage était quand même un peu plus varié. Ils n'étaient pas contre une autogestion. Quand tu étais cadre BAC+12 tu n'avais pas plus de pouvoir que l'ouvrier spécialisé BAC -2.

Dans les pays que tu as visités quand tu étais ministre, as-tu vu une gestion de l'entreprise différente ou même de l'héritage ?

Rarement.

Je propose dans mon livre une dotation universelle de 50 000 € à 18 ans, financée par une réforme profonde de l'héritage. Tous les jeunes y auraient droit, quelle que soit leur origine.

Ce n'est pas une idée qui me choque. C'est à discuter. Mais qui gère cette dotation ?

L'État.

Donc tu fais une nouvelle institution financière, c'est la Caisse des dépôts ? Ce principe de solidarité ne me gêne pas. Je suis plutôt inquiet de voir comment c'est géré. L'idée qu'une richesse privée serve un bien public est bonne. Par ailleurs, je propose la suppression de Dutreil.

Mais tu iras expliquer quand même que le petit-fils de Vuitton va toucher la même chose que celui du chômeur du quartier.

Oui, c'est un vrai débat. Mais dès qu'on introduit des conditions de ressources, une partie de la population se sent lésée, surtout la classe moyenne. Là, tout le monde toucherait – même les enfants de riches – mais ils sont minoritaires. On pourra dire à chaque jeune : « On t'a donné une chance, financée par ceux qui avaient le plus. » 87 % des Français ne paient pas de droits de succession en ligne directe. Et 60 % héritent de moins de 30 000 €, souvent via une assurance-vie. Donc oui, c'est radical, mais ça ouvre un débat.

Ce livre est aussi fait pour challenger la gauche en disant : « Voilà, je dis qu'il faut abolir l'héritage. Je sais que ça paraît un peu fou, radical, mais c'est ouvrir la fenêtre d'Overton. » Ça permettra à des moins radicaux de dire : « Il faut une vraie réforme des successions », ce qu'aucun politique ne dit parce que tout le monde a peur de ce sujet, car les Français, en effet, sont tout à fait contre, alors même que la majorité n'est pas concernée par le sujet de l'impôt.

C'est vrai qu'il y a la faisabilité politique. Mais est-ce qu'il y a une réflexion sur la création de richesse ? Celui qui hérite, qui a beaucoup de patrimoine, qui en a bavé et qui par son intelligence, son travail, a réussi à créer une fortune. Et celui qui gagne au loto, qui a beaucoup moins de mérite, sera-t-il sanctionné comme celui qui n'en a pas ?

C'est une question légitime, mais les « self-made-men » sont très rares aujourd'hui. La richesse vient essentiellement de l'héritage. Des études montrent que les familles les plus riches à Florence ou Londres aux XIIIe-XVe siècles le sont toujours aujourd'hui. Je suis un peu critique de l'idée qu'on travaille « pour ses enfants ». D'abord, on travaille pour soi.

Quand tu seras grand-père, tu verras.

Oui, on me l'a déjà dit ! Et c'est vrai. Mais la première raison de pourquoi on travaille c'est pour soi. Et d'ailleurs il y a des milliardaires américains qui refusent de donner leur argent à leurs enfants et qui les donnent, comme tu le dis, à des fondations en disant : « moi j'ai travaillé et mes enfants ont déjà bénéficié de mon patrimoine, ils n'ont pas besoin de ça. » C'est comme l'histoire de cette Autrichienne qui a tout un héritage et qui ne souhaitait pas en bénéficier. Elle demande alors à l'État de le prendre. Ce dernier refuse faute d'impôts sur les successions ! Elle a donc fait ce que j'appelle un « conseil de redistribution ».

Pendant une semaine, elle a tout payé à des dizaines de citoyens afin qu'ils planchent sur la bonne utilisation de cet héritage. Je propose l'institutionnalisation d'une nouvelle institution, le Conseil de redistribution où les riches qui le souhaitent diront : « J'ai tant à donner et c'est à vous de dire comment est-ce que vous souhaitez l'utiliser ? » Une sorte de fondation citoyenne et publique.

C'est une idée intéressante et il y a un détail qu'il faut avoir en tête, c'est la façon dont tu composes ce Conseil.

Je propose une représentation tirée au sort, reflétant la population : retraités, ouvriers, cadres, enseignants, etc. Une sorte de mini-Assemblée nationale.

Mais attention aux usines à gaz. Si on veut vraiment réformer, il faut simplifier.

C'est bien l'objectif. Ce système, s'il est bien pensé, permettrait de réduire les inégalités à la racine, plutôt que de courir après elles quand elles sont déjà installées.

Entretien avec Michel Sapin

Michel Sapin a été ministre de l'Économie sous François Hollande et a eu une expérience ministérielle sous François Mitterrand. On lui doit notamment les lois « Sapin » relatives à la transparence de la vie publique, à la lutte contre la corruption et à la mise en place de la compliance dans les entreprises.

Je défends l'idée d'abolir, comme dans la pensée socialiste du 19e siècle, l'héritage économique. Léon Blum l'avait proposé, Marx et Bakounine aussi. Bon, l'idée d'abolir l'héritage, c'est utopique, je le sais, mais c'est un sujet très important aujourd'hui où on voit que se constitue une société de rentiers. Et je suis étonné qu'à gauche il n'y ait personne pour tenir une telle position.

Tu as été ministre de l'Économie, tu as donc une expertise que je n'ai pas. En tant que socialiste et ancien ministre, quelle est ta vision de l'héritage ? Est-ce plutôt quelque chose de positif ou de problématique selon toi ?

Il ne s'agit pas d'héritage intellectuel, idéologique, n'est-ce pas ? Cet héritage-là est très important. C'est pour ça que les forces comme le socialisme ont une capacité de résistance, elles viennent de quelque part, et elles vont quelque part, c'est la transmission de quelque chose. Je dis cela sans être complètement déconnecté de la question de la transmission de la propriété, ce que tu appelles héritage économique. Quand tu parles d'héritage économique, est-ce différent de l'héritage familial ? C'est l'héritage de la seule propriété de l'entreprise, des seules valeurs mobilières ou c'est également l'héritage de la maison qui est dans la famille depuis 3 siècles ?

Précisément, la seule exception à l'idée de l'abolition de l'héritage, elle porte sur la maison familiale. À chaque fois que je discute de la question de l'héritage, on me rétorque : « oui et la maison familiale ? » Donc dans mon idée c'est complètement exonéré.

Je pose cette question, parce que comme tu le sais, l'héritage est autant une donnée sociologique et culturelle très profonde en France qu'une donnée strictement économique. Quand nous parlons d'héritage scandaleux, nous pensons à ces enfants qui ne sont pour rien dans la construction d'un patrimoine, pas d'initiative, pas de talent particulier, qui n'ont pris aucun risque et qui se retrouvent à la tête de milliards sans forcément avoir la capacité de les gérer. Le seul effort qu'ils ont fait, c'est d'hériter !

Cette situation nous choque tous. Autre réalité : seuls 25 % des successions donnent lieu au paiement de l'impôt et pourtant une très large proportion des Français sont contre l'impôt sur les successions.

Dès qu'on parle d'augmenter les successions, la réaction est la même ! Si l'on interroge le français qui trouve ça scandaleux : « mais vous avez combien à laisser à vos enfants ? » on nous répond : « j'ai ma maison » dont la valeur n'est pas suffisante pour donner lieu à impôt. C'est donc une réaction irrationnelle qui en dit en même temps beaucoup sur la psychologie française face à la question de l'héritage.

Et on peut le comprendre ! Chacun porte en lui cette interrogation : j'ai travaillé dur, j'ai économisé, j'ai acquis un petit capital et qu'en restera-t-il pour mes enfants ? Et si je peux transmettre mon bien dès maintenant alors que je suis encore en vie, si je peux régler toutes les questions pour que cela ne leur pose pas de problème le jour venu, alors j'en serai heureux.

C'est ce qui fait que les gens ont du mal à raisonner sur l'autre aspect qui paraît parfaitement justifié, qui est ce que tu appelles la société de rentier. L'héritage qui préoccupe le plus grand nombre, ce n'est pas quelque chose qui rapporte, qui coûte. Cette maison, il faut l'entretenir.

Toutes les réflexions sur le sujet se heurtent à cela, comment transmettre ma maison ?

C'est donc ce à quoi je pense en premier quand on me dit héritage.

Le second sujet, ce sont ces reproductions sociales insensées. Certaines mesures législatives, bien qu'individuellement justifiables (par exemple pour préserver une entreprise), mènent, lorsqu'elles se cumulent, à des situations franchement inacceptables : un héritier peut vivre de ses rentes. Or vivre de ses seules rentes aujourd'hui, c'est choquant.

Et puis il y a le fondement même de l'idée que tu soutiens, ce constat d'une formidable inégalité dès le départ dans la vie. Beaucoup de jeunes sont totalement dépourvus de ressources, quand d'autres démarrent avec beaucoup. Donc l'idée d'essayer de remettre de l'égalité entre les uns et les autres est intéressante. Elle n'est pas nouvelle d'ailleurs. C'est l'idée de la dotation universelle. On peut y réfléchir, indépendamment de l'abolition de l'héritage. L'abolition de l'héritage, c'est une manière de ramener les autres au même niveau que ceux que tu vas doter, financer.

Première réaction, et ce n'est pas une réaction d'hostilité, si tu veux pouvoir raisonner autrement que de manière utopique, il faut intégrer cette question culturelle présente chez les Français qui l'est traditionnellement beaucoup moins aux États-Unis par exemple. C'est très intéressant de voir la société états-unienne au XIXe et première moitié du XXe où le principe était qu'il était possible de s'enrichir en partant de rien mais où l'héritage importait peu. Encore aujourd'hui, beaucoup font des fondations pour pouvoir donner à des causes comme Bill Gates. Parce que la fondation sort du dispositif, elle n'est pas imposée. C'est une société qui valorise la réussite à partir de rien, contrairement à la nôtre, plus enracinée, où les inégalités sont souvent héritées et structurelles. C'est une des difficultés par rapport aux États-Unis où la mobilité se fait facilement. Tout cela tient à une terre, à la maison, la propriété. Enfin, pour traiter ce sujet-là, tu ne peux pas le traiter uniquement économiquement, financièrement. Tu es obligé de prendre des précautions. Comme tu l'as dit, pas la maison familiale mais l'immense château dont une famille peut disposer, c'est maison familiale ou pas maison familiale par rapport à la petite maison à 100 000 € ? Je ne sais pas quel est ton modèle, peut-être qu'il peut y avoir un mécanisme où il ne s'agit pas de 100 000 mais 200 000 à 300 000 qui seraient exonérés de tout droit de succession. Mais il faut faire attention à cette question, sinon ton livre fera hurler sans forcément faire avancer le sujet.

Voilà ce que ça évoque chez moi : des inégalités monstrueuses qu'il faut combattre et de l'autre côté une tradition qui n'est pas seulement de droite, qui est aussi ancrée à gauche : la petite maison ouvrière… Plus tu as trimé pour avoir quelque chose, plus tu as envie que tes enfants puissent en profiter.

J'ai lu une note du Conseil d'analyse économique qui montre que les plus riches échappent souvent à l'impôt sur les successions grâce à des dispositifs complexes, comme les pactes Dutreil ou la nue-propriété – des termes d'ailleurs souvent méconnus. Peux-tu m'expliquer plus précisément comment fonctionne ce dispositif? Et à l'origine, était-ce bien pour préserver les entreprises familiales françaises ?

Tu sais qu'avec François Hollande l'outil fiscal a été très utilisé, et il y a eu un moment donné un problème de plus-value dans les reventes des start-ups. Admettons, tu es un jeune qui crée une start-up qui quelques années plus tard vaut 3 000 000 alors que la mise de départ n'aura été que de quelques milliers d'euros. Cela fait 3 000 000 de plus-values en 5 ans, donc tu te prends un fort taux d'impôt. Cela a conduit à la « révolte des pigeons », une période qui a été très violente parce que très médiatisée. On a créé à ce moment-là un système qui dit : on ne va pas vous imposer sur votre plus-value à condition que vous investissiez cette somme. Donc si vous revendez votre startup, vous faites 3 000 000 de plus-values, vous mettez ces 3 000 000 dans un fonds d'investissement pour développer quelque chose, sans imposition.

Du point de vue du principe, c'est choquant, du point de vue économique, ça ne l'est pas puisque ce sont 3 000 000 qui s'investissent dans de la production, l'activité et l'emploi, sans que le bénéficiaire de la plus-value n'en dispose librement comme d'un revenu. Le pacte Dutreil, c'est un peu la même idée, sur le papier tu as papa qui a créé une entreprise et qui a 3 enfants : 2 qui font tout à fait autre chose mais il y en un qui est là au moment de la transmission et qui est prêt à assurer la continuité de l'activité. S'il faut payer des droits de succession, seule la vente de l'entreprise le permettra. Quant au 3e, il est incapable de payer quoi que ce soit par exemple pour racheter les parts des deux autres. Donc, la plupart du temps, l'entreprise disparaissait. Dans un monde où on a besoin de ces PME/PMI, l'idée est de favoriser la transmission d'entreprise.

Or on arrive au moment du baby-boom, une génération qui s'est beaucoup développée. Je crois que démographiquement l'héritage va être considérable dans les années qui viennent. On va avoir une grande transmission. Le principe Dutreil lui-même n'est pas discutable, la discussion est évidemment toujours dans les modalités. Là où ça dysfonctionne, c'est que tu bénéficies du pacte Dutreil dès lors que tu as plus de 50 % de la valeur que tu transmets qui est la valeur de l'entreprise, mais pour le solde, tu peux transmettre des biens immobiliers. Donc ce n'est pas que l'entreprise. Alors pourquoi la loi est-elle ainsi faite ? Parce que souvent tu ne peux pas détricoter facilement le capital entreprise du capital immobilier. Et c'est dans cette faille que de nombreux abus de droit, parfois très choquants, se sont engouffrés. Donc le pacte Dutreil, ça part d'une bonne intention : la survie des entreprises et en même temps, avec ces modalités, tu as de très bons avocats fiscalistes qui font des montages… J'avais tenté de lutter contre cet abus de droit, notamment en créant la possibilité de poursuivre et de condamner, non pas tant celui qui a bénéficié du dispositif mais celui qui l'a inventé, conseillé et commercialisé.

Même s'il est avocat ?

Oui, bien évidemment. Il s'agit de conseils et nos pas de la défense d'un client !

Je souhaitais te poser une question concernant le lien entre héritage et démocratie en entreprise. En m'inspirant du pacte Dutreil, j'ai imaginé une autre exception possible, en plus de l'exonération pour la résidence familiale : un chef d'entreprise pourrait être exonéré des droits de succession s'il accepte de transformer son conseil d'administration. Par exemple, s'il doit normalement payer 50 % d'impôts, cette obligation serait supprimée à condition que 50 % des membres de son conseil d'administration soient désormais des salariés de l'entreprise.

Une sorte d'incitation à la participation, au sens presque gaullien du terme donc.

Oui, je ne paye pas l'impôt, mais je fais advenir la démocratie en entreprise.

Là, tu commences déjà à évoluer si je puis dire puisque tu prends l'idée, assez classique, du dispositif fiscal incitatif. Tu en fais un outil d'incitation à faire autre chose.

Ta proposition crée une nouvelle niche fiscale. Je reconnais en avoir probablement créé quelques-unes moi-même. Cependant, je préfère un impôt sur les sociétés globalement plus bas plutôt qu'un système complexe de niches fiscales, même si celles-ci peuvent sembler avantageuses. En effet, ces exonérations multiples rendent le système fiscal complexe et opaque. Le taux affiché peut paraître élevé, mais le taux réel moyen est souvent bien plus bas.

Ton idée est bonne mais tu utilises une arme fiscale qui a ses limites et provoquerait ses abus de droit…

Ce qui me révolte particulièrement, c'est la transmission des grands capitaux d'entreprise. Je comprends parfaitement qu'un artisan couvreur, par exemple, souhaite transmettre son entreprise à son fils qui aime le métier, même si celle-ci a pris de la valeur. Ce n'est pas ce genre de transmission qui pose un problème. Le vrai scandale réside dans les transmissions massives et souvent opaques de fortunes colossales comme celles de ces milliardaires que l'on connaît parce qu'ils s'affichent fièrement comme tels. Beaucoup sont passés notamment par la Belgique pour échapper à l'impôt sur les donations.

C'est vraiment le cas ? J'ai interviewé Nicolas Frémaux, un économiste qui m'expliquait qu'à la frontière française, il n'y a pas de petit papier que tu remplis où tu dis pourquoi tu quittes le pays. Donc est-ce que l'argument « si vous taxez trop les riches ils vont partir », toi qui as eu le nez dans les services, il est valable ?

C'est un argument simpliste, mais qui n'est pas totalement infondé. En effet, certains contribuables ont mis en place des montages sophistiqués, parfois avec la complicité d'agents immobiliers, pour louer des logements à la frontière. Ces dispositifs leur permettent de prétendre avoir résidé plus de 6 mois et un jour hors de France, échappant ainsi au statut de résident fiscal français.

Dans mon livre, je développe l'idée d'une dotation universelle, un concept qui n'est pas nouveau. Je propose un montant de 50 000 €, alors que Piketty suggère 120 000 € à 25 ans. Personnellement, je pense qu'il serait plus judicieux de verser cette dotation à 18 ans, âge où les jeunes en ont le plus besoin pour se lancer dans la vie, se loger ou financer leurs études. Cette dotation universelle serait financée par une réforme du système d'héritage. Qu'en penses-tu ? Es-tu favorable au principe même d'une telle dotation ?

Je suis plutôt favorable à ce principe. La question centrale est de savoir si ce financement doit passer par une abolition pure et simple de l'héritage ou plutôt par une augmentation ciblée des droits de succession au-delà d'un certain seuil. Une approche alternative pourrait consister à garantir à chacun un capital de 300 000 €, qu'il provienne d'un héritage ou d'une dotation publique. Cependant, dans ta proposition, tu optes pour une solution plus universelle en attribuant systématiquement 50 000 € à chaque individu.

Oui, c'est universel car je n'ai pas envie de créer une usine à gaz, je n'ai pas envie que les classes moyennes nous disent : « on n'a jamais rien ».

Dans ton raisonnement, tu donnes tout de suite à tout le monde et tu récupères plus tard par une augmentation du droit de succession.

Je ne sais pas si je donnerais à tout le monde.

C'est l'idée du revenu universel d'Hamon. Mais cette idée de revenu peut être très socialiste ou très libérale. Si tu fusionnes tous les minimas sociaux et qu'à la fin tu n'as plus que 600 € pour tout le monde, ça n'est pas forcément un progrès.

Cette dotation universelle est effectivement une idée séduisante. La question essentielle qui se pose est celle de son utilisation : doit-elle être versée sans aucune condition, ou faut-il encadrer son emploi ? Souhaites-tu :

1. Laisser une totale liberté d'utilisation, même si cela signifie que certains pourraient dépenser ces 50 000 € de manière peu judicieuse ?

2. Ou préfères-tu mettre en place des garde-fous pour orienter son utilisation vers des projets constructifs ?

Je propose un versement sans condition. Certes, quelques abus pourraient se produire, mais je suis convaincu que la majorité de ces fonds sera utilisée de manière responsable : pour financer études, déplacements, logements. L'objectif principal, en plus de réduire les inégalités, est d'offrir une réelle autonomie aux jeunes. Prenons l'exemple d'un jeune homosexuel dans une famille très conservatrice : cette dotation lui donnerait les moyens de quitter le foyer familial et de construire sa vie librement. Sur le plan financier, j'ai estimé le coût à 40 milliards d'euros annuels (pour 800 000 jeunes de 18 ans). Les recettes supplémentaires issues d'une augmentation des droits de succession et de la suppression de certaines niches fiscales ne suffiraient pas à couvrir ce montant. En revanche, une taxe sur les GAFAM pourrait constituer une piste de financement complémentaire.

La taxe sur les GAFAM ne peut être mise en œuvre qu'au niveau européen. Sur des fiscalités de cette nature, c'est l'Europe qui est le bon espace.

Oui, mais j'ai vu des estimations sur la fraude fiscale qui varient entre 20 et 100 milliards d'euros. Je ne sais pas quelle estimation est la plus exacte, si c'est 20 ou 100 milliards ?

Par définition, on ne sait pas vu que c'est de la fraude.

Cela dit, j'ai remarqué qu'il y a un gros travail de fait pour aller chercher l'argent caché. On peut retrouver des milliards !

Oui, il y a des mesures à prendre pour lutter contre la fraude et surtout contre l'optimisation fiscale abusive, qui ne profite qu'aux plus riches ! Dans ce domaine-là, l'imagination est sans bornes. Mais je me méfie de la seule affirmation simpliste, « il n'y a qu'à lutter contre la fraude », ce n'est pas si simple. Tu ne peux pas fonder les financements pérennes d'un dispositif comme celui que tu proposes, sur la seule lutte contre la fraude fiscale. C'est trop incertain et aléatoire dans la durée.

En fait, l'intérêt principal que je trouve dans ton livre c'est de bousculer, d'obliger à réagir, à raisonner, à lutter contre la facilité « Ah non, non, non ce n'est pas possible de toucher à l'héritage ». Tu pousses chacun dans ses retranchements. Et nous avons besoin de débats pour faire bouger les lignes.

Chapitre 6
La taxation de l'héritage : une radicalité française ?

L'exception c'est l'impôt. Voilà comment pourrait être résumée la situation internationale relative à l'héritage. En effet, dans plusieurs pays, l'héritage n'est pas taxé : il est totalement exempté d'impôts. C'est le cas du Portugal, de la République tchèque, de la Suède, de la Norvège, de l'Autriche, de la Russie ou plus étonnamment de la République Populaire de Chine. Lorsqu'il est taxé, c'est à des taux faibles, avec par ailleurs plusieurs abattements fiscaux importants.

Dans la plupart des pays membres de l'Organisation de coopération et de développement économique (OCDE), les abattements concernant les enfants des défunts s'élèvent à 17 000 euros pour les plus bas (Belgique) à 11,6 millions de dollars, pour les plus importants (États-Unis).[1]

Nos voisins européens ont quant à eux des systèmes très variés : la Belgique dispose de deux systèmes différents correspondant à la Wallonie et à la Flandre, en Espagne l'impôt sur les successions est géré par les communautés autonomes. Au Royaume-Uni, un taux forfaitaire unique pour tous à hauteur de 40 % est en vigueur après abattement de 325 000 £. En Italie, l'abattement est de 1 million d'euros pour les enfants et conjoints et s'applique de façon intuitu personae. Au-delà, le taux d'imposition est de 4 %.

En Irlande, le système est particulier : la taxation ne se fait pas au moment du décès d'une personne mais tout au long de la vie. Depuis 1976, le Capital Acquisitions Tax prévoit de tenir compte du montant total perçu avant la transmission de patrimoine entre un défunt et son héritier. En plus d'un taux unique de 33 % appliqué à la part reçue par chaque héritier, le dispositif propose trois abattements en fonction du lien de parenté avec le défunt :

[1] Droits de succession : la France est sur le podium international des pays qui taxent le plus - ladepeche.fr.

335 000 euros pour le groupe « A » (notamment les enfants), 32 500 euros pour le groupe « B » (incluant principalement les autres descendants en ligne directe, les frères et sœurs, les neveux et nièces) et 16 250 euros pour le groupe « C » (regroupant les autres ayants droit). Ces montants représentent une « enveloppe » globale que le contribuable peut utiliser tout au long de sa vie. À chaque nouvelle transmission reçue au sein d'un même groupe, seul le solde de l'abattement restant dans ce groupe est pris en compte[1]. C'est un exemple intéressant qui illustre les autres façons de penser l'héritage et son imposition.

Ces faibles taux d'imposition, ou ces larges abattements, ne doivent pas cacher l'existence de systèmes fiscaux plus durs.

La France n'est en effet pas le seul pays qui taxe – a priori – puisqu'on a vu que les stratégies d'évitement de l'impôt font qu'une faible minorité de la population paie lourdement cet impôt. C'est le cas du Japon où le taux maximal d'imposition est de 55 %. Jusqu'à la réforme des successions de 2015, seuls 4 % des héritages étaient concernés par le paiement de l'impôt. Depuis le 1er janvier 2015, les abattements ont été diminués afin de compenser un manque de recette fiscale et répondre à une demande de justice fiscale.[2]

L'héritage économique est donc soumis à diverses législations partout sur le globe. En France, son existence relève d'une réminiscence de la pensée d'Ancien Régime.

L'héritage en France : le dernier privilège ?

La République française est un régime politique caractérisé par le droit conféré à tous ses membres d'exercer des responsabilités au titre de leur citoyenneté. Ce régime n'est pas censé être un lieu de castes qui par nature seraient supérieures à d'autres, a contrario de l'essentialisation intrinsèque de l'Ancien Régime illustrée par les

---

[1] Rapport de la Cour des comptes sur les droits de succession, juin 2024.

[2] Des droits de succession extrêmement élevés au Japon | Nippon.com – Infos sur le Japon.

privilèges qui étaient accordés au nom de l'appartenance à un groupe.

C'est la raison pour laquelle les privilèges furent abolis par les révolutionnaires, en même temps que les droits seigneuriaux.

Ces droits étaient liés au sang qui lui-même donnait un rang à celui né dans la bonne famille. L'argent et le sang constituent une alliance perfide et injuste, dénoncée lors de la fameuse nuit du 4 août 1789, mais également plus tard, lorsqu'il a été question de remettre en cause le suffrage censitaire. Celui-ci ne permettait qu'à ceux qui pouvaient payer l'impôt d'exercer les droits civiques, et ceci même en République, preuve que tous les privilèges n'étaient pas révolus et qu'il convient de les combattre.

Une première tentative de suppression avait été inscrite dans la Constitution de l'An I (1793), sans être jamais appliquée.[1] La suppression du suffrage censitaire fut effective en 1848, lors de l'avènement de la Deuxième République. L'alliance sang-argent prit alors un sérieux coup.

L'Ancien Régime a sans cesse agi pour réduire au maximum les taxations sur les successions, selon les préférences seigneuriales puis royales. Il a fallu attendre 1791, soit la Révolution française, pour voir émerger le premier impôt universel sur les successions, à un taux de 1 % en ligne directe. Ce taux est longtemps resté fixe et l'avènement de la Troisième République enclenche plusieurs réformes fiscales visant à bâtir l'édifice financier du régime. Les successions sont alors touchées et le taux passe à 2,5 % dès 1901. Un pic est atteint en 1920, quand ce taux est fixé en ligne directe à 40 % le but étant pour l'État de retrouver des finances publiques saines. La France sort exsangue de la Première Guerre mondiale et la dette publique atteint en janvier 1919 150 % du PIB. Les dépenses globales associées au conflit sont évaluées à 140 milliards de francs, soit 28 fois le budget de l'année 1914 et cette somme constitue une charge financière extérieure, puisque 66 % de cette dette est détenue par des nations ou des institutions étrangères. Les dépenses publiques atteignent 30 % du PIB, et la République fait alors appel à la ponction de l'héritage pour améliorer l'état des finances.

---

[1] Convention Constitution de l'an I Terreur Thermidor 1792-7975.

À l'inverse, une exonération est créée à la suite de la Seconde Guerre mondiale dans le but de faciliter la reconstruction du pays. C'est en 1959 que le taux est ramené à 15 % et plusieurs abattements sont créés à cette occasion.

L'arrivée des socialistes au pouvoir en 1981 change la donne et le taux marginal est de nouveau fixé à 40 %. Les différentes périodes de cohabitation modifient le taux à la marge et il faut attendre l'arrivée au pouvoir de Nicolas Sarkozy pour observer une réforme massive. Les successions non taxables passent de 75 % à environ 95 %, notamment via l'exonération totale au profit du conjoint, qui devient ainsi le bénéficiaire majeur de la réforme. Des changements relatifs à l'abattement pour les enfants sont également institués : cet abattement passe de 50 000 à 150 000 euros. Enfin, des dispositions spéciales pour les héritiers handicapés sont créées.

Au sujet des successions, le Président Macron n'a entamé aucune réforme, malgré une volonté affichée de ramener l'abattement à 150 000 euros (après l'abaissement du seuil sous François Hollande à 100 000 euros). Cette volonté s'est fracassée sur la situation dégradée des comptes publics en 2024.

Au vu des évolutions qui ont suivi la Révolution française, doit-on penser que 1789 fut, sur le point des privilèges, une révolution manquée ?

La Révolution française représente un changement important : celui du passage d'une aristocratie gouvernante à une bourgeoisie dirigeante. Cela ne s'est pas fait en un claquement de doigts et il convient de rappeler l'importance prise par la bourgeoisie durant l'Ancien Régime. Cette influence s'illustrait à travers la vénalité des offices : l'État vendait des titres et fonctions d'administrateurs publics pour renflouer ses caisses. Seuls les bourgeois, au sens marxiste du terme, avaient la capacité de les acheter, gagnant en importance dans le paysage politique.

L'avènement de la bourgeoisie au pouvoir à travers la Révolution française, finalement plus « politique » que sociale malgré la Constitution de l'An I, n'a pas permis une redistribution totale ni une mise au ban de tous les privilèges. De ce point de vue, 1789 peut être considéré comme un échec sur le plan économique, car sous le couvert des libertés politiques nouvellement acquises, la question de l'organisation de l'économie a été abandonnée.

Cependant, la prise de conscience qu'il fallait repenser cette organisation a bien eu lieu à cette période ; qui nous dit que cette révolution est terminée ? C'est aux citoyens du XXIe siècle de la perpétuer et d'en faire appliquer les principes.

L'apparition d'une nouvelle féodalité économique, permise par la cristallisation du capital transmis via le mécanisme de l'héritage, n'est pas naturelle. Au contraire, elle est la conséquence de choix politiques, qu'il est possible de questionner et critiquer, notamment au vu de l'inégalité qu'elle représente.

<u>ENTRETIEN AVEC CHRISTINE PIRÈS-BEAUNE</u>

Christine Pirès-Beaune est députée socialiste du Puy-de-Dôme, questeure de l'Assemblée nationale et porteuse d'une proposition de loi visant à réformer les droits de succession.

Quand on te dit « héritage », qu'est-ce qui te vient à l'esprit ? Une pensée a priori positive, négative ?

Une pensée positive : l'héritage c'est la famille. En prenant un pas de recul sur l'héritage financier, nous héritons de nos parents d'une culture, des valeurs, une langue et son accent, mais aussi des habitudes culturelles ou de consommation, parfois une passion. La famille est, plus encore dans des temps difficiles comme ceux que nous vivons aujourd'hui, où les solidarités sont affaiblies par le néolibéralisme, un refuge, une protection. L'héritage c'est donc aussi une protection pour ses enfants.

Une pensée négative : l'héritage c'est la rente qui prime sur le travail, c'est l'immobilisme qui prime sur la mobilité sociale, c'est le hasard de la naissance qui prime sur le mérite. Comme l'écrivez Beaumarchais dans le Mariage de Figaro : « *Qu'avez-vous fait pour tant de biens ? Vous vous êtes donné la peine de naître, et rien de plus.* »

Nous avons les mêmes références ! Blum a proposé l'abolition de l'héritage, le groupe socialiste avait alors refusé car trop radicale, penses-tu cela envisageable aujourd'hui ?

D'un point de vue théorique, la réflexion est intéressante : tous les individus commenceraient sur un pied d'égalité financièrement parlant. Je vois cependant plusieurs écueils à une solution « jusqu'au-boutiste » comme celle-ci.

- Premièrement l'héritage économique est dans de nombreux cas assorti d'une portée symbolique ou sentimentale. Une maison familiale peut avoir une valeur monétaire de quelques centaines de milliers d'euros mais une valeur sentimentale infinie. Dans ce cas-là une abolition totale de l'héritage est sous-optimale du point de vue du bonheur collectif. Il faut trouver où placer le curseur pour préserver cette dimension de l'héritage tout en taxant au bon niveau l'héritage purement financier : il n'y a généralement pas de valeur affective dans un contrat d'assurance-vie ou un livret A !
- Un second écueil est celui des entreprises familiales. La transmission aux enfants n'est jamais une garantie d'une pérennisation de celle-ci mais c'est souvent une des options les plus appropriées, notamment pour les petites entreprises.

Cependant je pense que d'un point de vue conceptuel Blum est dans le vrai : il fut un temps où nous héritions de nos parents une classe sociale. Nous l'avons aboli. Il fut un temps où nous héritions une profession, ce n'est également plus le cas. Néanmoins nous héritons toujours d'une position économique, c'est ce sur quoi nous devons travailler sans toutefois la supprimer.

Aurais-tu une proposition relative aux inégalités de patrimoine et à leur reproduction ? Comment les endiguer et est-ce souhaitable de le faire ?

La problématique de la reproduction des inégalités de patrimoine est bien illustrée par Piketty : si la rentabilité du patrimoine est supérieure à la croissance des salaires, sur le temps long les patrimoines se concentrent et les individus n'ayant que leur force de travail sont condamnés à un décrochage. Pour cela il faut réduire l'écart entre la « rentabilité » du patrimoine et la

« rentabilité » du travail. Cela peut par exemple prendre la forme d'un impôt sur les très grands patrimoines, comme proposé par Gabriel Zucman.

Tu as beaucoup travaillé sur le sujet de l'héritage à l'Assemblée nationale et avec Boris Vallaud, peux-tu me présenter les mesures défendues dans ce cadre et la position des députés socialistes à ce sujet ?

Ce que nous proposons repose sur 3 composantes :

- Le rappel fiscal à vie : inverser le point de vue donateur/receveur (la proposition de loi portée par Christine Pirès-Beaune précisait qu'« avec cette proposition, *chacun, individuellement,* deviendrait bénéficiaire d'un abattement *à vie* de droits de transmission à titre gratuit, et cela quel que soit le lien qui l'unit aux défunts ou aux donateurs, qu'il appartienne à sa famille proche, éloignée, ou qu'il soit pour lui, du point de vue du droit, un simple étranger. Cet abattement se substituerait à tous ceux existant aujourd'hui, y compris celui, supplétif, de 1 594 euros, qui s'applique en l'absence d'un autre plus avantageux).
- Un abattement identique pour tous, quel que soit le lien avec le donateur, à hauteur de 300 000 €.
- Une suppression ou une modification des mesures dérogatoires injustifiées, comme celle de l'assurance-vie.

Que penses-tu de l'idée d'une dotation universelle de 50 000 euros à 18 ans pour émanciper les jeunes ?

Sur le principe, je suis favorable aux mécanismes qui permettent d'améliorer l'équité entre générations. Dans la pratique, je ne suis pas convaincue qu'une dotation qui tomberait telle quelle, sur le compte bancaire d'un individu, le jour de ses 18 ans, est adaptée. C'est un âge où tous les adolescents ou jeunes adultes ne sont pas encore capables de l'utiliser avec discernement. Par ailleurs, se poserait la question du financement de cette dotation.

Chapitre 7
La critique de l'héritage : un cadavre qui bouge encore

La critique de l'héritage relèverait du suicide politique pour tout aspirant gouvernant. L'absence de remise en cause profonde du système actuel est une surprise étant donné que d'autres s'y sont essayés avec grande rigueur et vigueur.

Critiquer l'héritage en 2024 n'est pas chose aisée tant l'impôt sur les successions est rejeté par une majorité de Français qui craignent d'être lésés donc appauvris, alors qu'il ne concerne, on l'a vu, que 13 % de la population. Cette perception erronée paralyse les responsables politiques et proposer son abolition relève certainement du suicide politique pour certains.

Pourtant, bien des penseurs par le passé ont réfléchi à cette question et ils ne prenaient pas de pincettes dans leurs propositions.

Faut-il par ailleurs rappeler que le courage politique, sur des questions non consensuelles, n'est pas une tare – le soutien à l'abolition de la peine de mort par le candidat François Mitterrand l'illustre parfaitement.

Derrière le sujet prédominant de la seule transmission de patrimoine, c'est-à-dire l'aspect pécuniaire, on ne peut ignorer la question philosophique.

Qu'est-ce qui justifie la possession de sommes astronomiques et à l'inverse la possession du néant, du vide sidéral ? Cette interrogation est essentielle et vaut pour toutes les sphères de la société, notamment en ce qui concerne les inégalités de revenus dans l'entreprise entre patrons et salariés.

Ici, il sera donc traité des critiques – nombreuses et plurielles dans leur nature – de l'héritage économique en tant que transmission de patrimoine.

La critique aristotélicienne : la chrématistique

La chrématistique, principe clé de la pensée d'Aristote, désigne la pratique de l'accumulation de richesses.

Aristote insiste sur la différence fondamentale entre l'économique et la chrématistique. Cette différence est décrite dans *l'Éthique à Nicomaque* et *Politique*. L'économique désigne la norme de conduite menant au bien-être au sein de la communauté, alors que la notion de chrématistique renvoie à l'art de créer des richesses. Cette notion est divisée en deux par Aristote qui différencie la chrématistique « naturelle » de la « commerciale ». La première est nécessaire car elle a pour objet d'approvisionner la communauté pour la faire vivre, la seconde ne l'est pas car elle est « contre nature ». C'est l'accumulation de la monnaie pour la monnaie. Elle est contraire à l'idée de communauté que se fait Aristote et surtout elle déshumanise l'homme en tant qu'animal politique, censé vivre avec les autres. Cette pratique pousse à l'individualisme et n'a pas pour objet la satisfaction d'un besoin nécessaire : elle est superficielle. Enfin, Aristote insiste sur l'utilisation principale de la monnaie : elle est permise, tout comme le troc, dans le seul but d'échanger. Son utilisation comme moyen d'accumulation est proscrite.

À travers la chrématistique commerciale, Aristote critique en vérité la rente et l'accumulation du capital. C'est donc une critique de l'héritage, puisqu'à partir du moment où l'on considère l'accumulation de richesses comme mauvaise, il semble logique de refuser la transmission de ce patrimoine.

Cette critique a été reprise tant par l'Église que par Marx ou que par St-Simon.

La critique saint-simonienne

Les disciples de St-Simon vont mettre le bazar et, pour certains critiques, proposeront une solution enfantine car simpliste au souci des transmissions… St-Simon, considéré comme le « dernier des gentilshommes et le premier des socialistes » par André Piettre, économiste français, est un philosophe, militaire mais surtout économiste français. Il a notamment pensé l'avènement de la société industrielle.

Deux de ses disciples, Bazar et Enfantin, dans leur *Exposition de la doctrine de Saint-Simon* (1830), s'agacent du manque de radicalité des révolutionnaires de 1789, qui n'ont, on l'a vu, pas totalement remis en cause l'héritage.

Les saint-simoniens craignent une société de « parasites et oisifs » et s'élèvent contre le « brevet d'oisiveté que constitue l'héritage » comme l'écrit l'avocat saint-simonien Alphonse Decourdemanche dans *Le Globe* en 1831.

Ils souhaitent organiser les successions selon les besoins de certaines catégories sociales jugées essentielles. Ils défendent l'idée de l'intervention de l'État pour transférer les richesses aux personnes qui le méritent vraiment. Pour ce faire, ils envisagent d'abolir les successions indirectes bénéficiant à des personnes éloignées du défunt et d'augmenter progressivement les droits de succession. L'argent récolté sera ensuite utilisé et géré par l'État dans le but de soutenir l'industrie naissante. Surtout, ce serait à l'État de choisir à qui reviendrait ces fortunes et non plus au seul hasard.

Ils font donc de l'État le seul héritier.

Il convient de noter une différence d'approche d'entre St-Simon et ses disciples, comme l'explique Émile Durkheim dans son ouvrage : *Le socialisme : sa définition, ses origines, la doctrine saint-simonienne* publié en 1928 :

« Saint-Simon ne va pas jusqu'à demander, comme le feront ses disciples, qu'il n'y ait de propriété légitime que celle qui est due tout entière au travail et à la capacité de celui qui possède. »

Comme indiqué dans cet extrait, St-Simon se pose davantage comme un régulateur de l'héritage, tandis que ses disciples tiennent une position abolitionniste ferme :

« En effet, ce qui caractérise la propriété telle qu'elle est présentement constituée, c'est qu'elle est transmissible en dehors de toute capacité sociale, en vertu du droit d'héritage. [...]. Si cette exploitation doit disparaître, il faut aussi que l'institution qui la perpétue d'une manière chronique disparaisse à son tour. »

La position abolitionniste des tenants du saint-simonisme est ensuite précisée dans le dernier extrait qui suit :

« Il faut donc, par la suppression du droit d'héritage, retirer à certains privilégiés la force matérielle dont ils sont armés par le seul fait de leur naissance et qui leur assure une injuste prépondérance. »

On retiendra que la vision saint-simonienne est une critique méritocratique de l'héritage. Les saint-simoniens traitent du concept de mérite en opposant les « oisifs », c'est-à-dire les individus ne produisant rien et profitant de la rente aléatoirement acquise, et les producteurs, apportant une valeur ajoutée à l'économie, notamment l'industrie. La vision saint-simonienne pose donc la question de la légitimité à recevoir de l'argent qui n'a pas été dûment gagné par le labeur.

La critique anarchiste : Mikhaïl Bakounine

« Si l'individu mort tient à l'exécution de sa volonté, qu'il vienne l'exécuter lui-même s'il le peut, mais il n'a pas le droit d'exiger que la société mette toute sa puissance et son droit au service de sa non-existence ».

La critique de Bakounine, penseur anarchiste majeur du XIXe siècle, est à la fois politique et juridique.

Juridique car, comme il le rappelle dans son *Catéchisme révolutionnaire* de 1866 :

« Tous les droits individuels, politiques et sociaux, sont attachés à l'individu réel et vivant. Une fois mort, il n'y a plus ni volonté fictive d'un individu qui n'est plus et qui, au nom de la mort, opprime les vivants. »

Ce rappel paraît évident. En droit, on considère quelqu'un selon sa personnalité juridique. Ainsi, une personne physique peut en être dotée tout comme une personne morale, c'est-à-dire toute autre entité non humaine, une entreprise ou une association par exemple. Ce qui caractérise ces deux personnalités juridiques, c'est leur naissance et leur mort (naturelle ou déclarée, pour les hommes et pour les entités non humaines). Durant leur existence, ces personnalités ont des droits mais aussi des devoirs. Cependant, dès lors qu'elles n'existent plus (décès ou dissolution), pourquoi faire persister leurs volontés ? Quel droit réel peut-on accorder à une entité qui n'est précisément ni réelle ni juridiquement concrète ?

L'impertinence de la phrase de Bakounine illustre parfaitement l'absurdité juridique de la notion d'héritage. Il n'est pas possible de conférer un pouvoir *post-mortem* à un individu irréel et mort.

Politique, la critique l'est aussi. Bakounine voit dans le principe de l'héritage le moyen pour les classes bourgeoises de maintenir leur domination sur les classes prolétaires. Toute sa pensée est résumée dans le texte *Catéchisme révolutionnaire* où il est essentiellement question de liberté, d'État et de révolution sociale et politique. Il y aborde la question de l'héritage et propose son abolition :

« L'inégalité de fait produit toujours l'inégalité des droits : l'inégalité sociale devient inégalité politique. Et sans égalité politique, point de liberté [...] Donc le droit de succession est contraire au triomphe de la liberté, et si la société veut devenir libre, elle doit l'abolir. »

Bakounine propose alors de transférer toutes les richesses des morts à un fond d'éducation visant à assurer à chaque enfant une instruction correcte. Extrait :

« Seul le fonds d'éducation et d'instruction publique aura le droit d'hériter avec l'obligation de pourvoir également à l'entretien, à l'éducation et à l'instruction de tous les enfants depuis leur naissance jusqu'à l'âge de la majorité et de leur émancipation complète. »

La critique communiste : l'abolition pure et simple de l'héritage

Dans le *Manifeste du parti communiste* (1848), Karl Marx et Friedrich Engels proposent dix mesures transitoires permettant d'organiser l'avènement du communisme. L'une d'entre elles est l'abolition pure et simple de l'héritage, notamment et surtout celui des moyens de production.

Pour rappel, il est question de :

1. Expropriation de la propriété foncière et affectation de la rente foncière aux dépenses de l'État.
2. Impôt fortement progressif.
3. *Abolition de l'héritage...*[1]

[1] Manifeste du parti communiste (1848).

Toujours dans la sphère marxiste, le Parti ouvrier français (premier parti marxiste en France) proposait également l'abolition de l'héritage. Cette proposition est inscrite dans son programme de 1882 : « Suppression de l'héritage en ligne collatérale et de tout héritage en ligne directe dépassant 20 000 francs. »[1]

Enfin, sur ce sujet, les visions de Bakounine et Marx se sont confrontées lors du congrès de l'Association internationale du travail (AIT) à Bâle en 1869. Un compte-rendu de ce dernier a été établi par l'un de ses délégués en la personne de James Guillaume, historien.

Deux décisions ont été prises avant de débattre de la question de l'héritage, à savoir que le Congrès pense :

- que la société a le droit de rendre le sol propriété collective.
- qu'il y a nécessité à transformer le sol en propriété collective.

Ces éléments sont importants pour comprendre le contexte des extraits suivants.

La thèse de Bakounine, présentée par la commission du Congrès, affirme que :

« En outre le Congrès s'est prononcé pour la propriété collective, et qu'une telle déclaration serait illogique si elle n'était corroborée par celle qui va suivre. Le Congrès reconnaît que le droit d'héritage doit être complètement et radicalement aboli, et que cette abolition est une des conditions indispensables de l'affranchissement du travail. »

La thèse de Marx, présentée par le Conseil général, affirme :

« La disparition du droit d'héritage sera le résultat naturel d'un changement social abolissant la propriété individuelle dans les moyens de production, mais l'abolition du droit d'héritage ne peut être le point de départ d'une pareille transformation sociale. »

Par faute de temps, le Congrès n'a pas été en mesure d'adopter l'une des positions. On remarque cependant toute la rigueur et l'intérêt du débat qui, malheureusement, ne se tient plus de nos jours sur ce sujet.

---

[1] Le programme du Parti ouvrier français.

D'un côté il est question pour Bakounine de partir du réel, de ce qui existe concrètement, tandis que pour Marx le droit d'héritage ne constitue qu'un effet d'une cause plus grande qui, si elle est remise en question par la révolution, aura pour suite immédiate la fin de cette pratique.

La critique socialiste : la réforme proposée par Léon Blum

Léon Blum, chef du gouvernement français, ancien déporté et socialiste ardent, est souvent pris comme modèle par plusieurs responsables politiques.

Il y a bien des raisons à cela et on oublie trop souvent la critique forte du capitalisme que Blum a opérée tout au long de sa vie mais surtout à la fin de celle-ci. Cette critique ne se limitait pas qu'au système économique, elle rentrait davantage dans les détails et elle s'en prenait également à la rente.

En 1946, Léon Blum propose au groupe parlementaire socialiste une réforme ambitieuse visant à abolir les successions collatérales et à limiter les successions directes à une seule génération.

« Je vise en ce moment la propriété capitaliste telle que nous l'avons toujours et constamment définie et pense que nous pourrions envisager dès à présent l'interdiction absolue de toute succession en ligne collatérale. Dans une succession, excepté la ligne descendante directe, il n'y aurait pas d'autres héritiers que la nation, et dans la ligne descendante directe elle-même, la transmission successorale serait limitée à une génération. »

Concrètement, comme l'explique Alternatives économiques[1], dans l'idée de Blum, le fils pourrait hériter du père mais le petit-fils ne pourrait pas hériter du grand-père.

Les nouvelles ressources recouvrées par l'État serviraient alors à l'éducation des enfants et à la protection sociale :

« Si nous devons mettre chaque enfant dans la meilleure condition possible d'entraînement pour la course à laquelle il va prendre part, nous devons aussi, par un système de sécurité sociale, recueillir et protéger les coureurs fatigués. »

---

[1] *Alternatives économiques* Hors-série n° 085 - avril 2010 : « La réforme de l'héritage : une idée oubliée de Léon Blum ».

Cette réforme n'aboutit pas car le groupe parlementaire socialiste la trouve trop « audacieuse ».

Espérons que les promoteurs apparents de Blum n'arrêtent pas de mettre en avant ce courageux socialiste à la connaissance de cette terrible audace.

ENTRETIEN AVEC BORIS VALLAUD

Comme Léon Blum, Boris Vallaud est député socialiste. Il est aussi président du groupe à l'Assemblée nationale.

Est-ce que tu peux me dire quelle est ta vision de l'héritage, est-ce que c'est quelque chose de plutôt positif à ton sens ou plutôt négatif ?

Culturellement, spontanément, j'ai de l'animosité à l'endroit de la question de l'héritage car elle me paraît être le terreau irrémédiable de la reproduction sociale et des inégalités. Il est intéressant de noter que la question de l'héritage ne charrie jamais la question de l'assistanat. C'est paradoxal, l'assistanat familial n'existe pas, il ne peut être que public. Si je te dis ça, c'est qu'au moment où nous avons défendu le minimum jeunesse, la dotation en capital – que les Allemands appellent pour leur part « héritage anticipé », on nous a opposé la question de l'assistanat. Donner aux jeunes une dotation en capital serait les l'exposer à l'oisiveté… donc notre proposition de loi avait été repoussée. Et la proposition de loi suivante était l'augmentation des transmissions en franchise d'impôts. Et là, l'idée que ça puisse abandonner les jeunes qui en bénéficieraient à l'oisiveté n'est pas venue dans le débat.

Quand la transmission est familiale, ce n'est pas une aide, elle n'existe pas, et quand elle est publique, elle devient une illustration de l'assistanat. Donc moi, spontanément, je suis contre l'héritage dès lors qu'il s'assimile à la rente, ce que je distingue du produit d'une vie de travail dont je comprends qu'on puisse souhaiter le transmettre à ses enfants. Chacun aspire à une vie pour ses enfants plus facile que la sienne.

La solidarité familiale, c'est extraordinaire, mais on voit bien aussi que c'est formidablement inégalitaire selon la naissance ou selon les rapports qu'on entretient avec sa famille. C'est la raison pour laquelle, quand on parle de l'héritage, il y a sans doute deux choses qu'il faut distinguer : il y a transmettre le produit d'une vie de travail qui a par ailleurs déjà été taxée, au titre de l'impôt sur le revenu, et ce qui est transmis d'une rente, grossi de la rémunération du capital ; c'est ce qui distingue une société de bourdons et une société d'abeilles ; on a besoin d'une société d'abeilles. Tout ça n'est pas indifférent à la façon dont tu valorises le capital, dont tu valorises le travail dans la société, et quand tu compares la fiscalité du travail et la fiscalité du capital, tu comprends vite qu'il vaut mieux être rentier que travailler.

Spontanément j'ai une réserve parce que l'héritage produit le capitalisme des héritiers, titre du livre de Thomas Philippon, qui décrit une sorte de dégénérescence dans le capitalisme financier et qui a cette formule : « ce n'est pas parce que ton père est champion olympique que toi tu cours vite. »

Léon Blum a proposé l'abolition de l'héritage. À une certaine période, avec certaines modalités et j'en parle, j'en fais une petite partie. Mais lorsqu'il a proposé au groupe socialiste de l'Assemblée que tu présides aujourd'hui, quelques années plus tard, le groupe l'avait refusé parce que c'était un peu trop radical. Est-ce que tu penses que la société est prête à entendre une pensée qui est celle que je vais développer dans ce bouquin, qui est forte ?

Je pense que l'abolition de l'héritage est psychologiquement et politiquement inaccessible ; beaucoup considèrent la taxation de l'héritage comme un impôt sur la mort – terminologie toujours active à droite ; c'est sans doute l'impôt le plus rejeté y compris par ceux qui ne le paient pas, ce qui est assez paradoxal.

A contrario, un certain nombre de milliardaires américains, en tout cas jusqu'à une date récente, déclarent ne pas vouloir transmettre leurs fortunes à leurs enfants, je pense notamment à Bill Gates, peut-être que finalement il y a plus de réticence quand on n'a rien à transmettre ?

L'abolition de l'héritage me paraît être une bataille culturelle perdue si l'on donne le sentiment de vouloir spolier le produit d'une vie de travail, en obligeant parfois à vendre la petite maison de famille qu'on a achetée pour soi autant que pour ses enfants… La bataille doit se faire sur le terrain de la justice et de la redistribution par la taxation des très hauts héritages au bénéfice de celles et de ceux qui n'ont pas grand-chose, voire rien, à léguer, pour financer des politiques publiques.

C'est pour ça que je reprends l'idée d'une dotation universelle que tu as déjà développée. Est-ce que tu pourrais me parler un peu plus en détail de la proposition que tu avais formulée à l'époque avec Christine Pirès-Beaune et Hervé Saulignac ?

Alors tu vois, c'est assez intéressant parce que là, le lien, on peut le faire directement, entre prélèvement et redistribution. Les Allemands le font très explicitement en parlant de prélever sur les gros héritages le financement d'un « héritage anticipé » pour toutes et tous via la dotation en capital.

Dès lors qu'il n'y a rien de plus inégalitaire que la solidarité familiale et l'héritage, l'idée consiste dans une redistribution des gros héritages, en donnant à tous un héritage anticipé via une dotation en capital de départ à 18 ou 16 ans. Cette réflexion s'inscrit dans le rejet de cette singularité française qui consiste à dire : tu peux aller en prison à 16 ans, tu peux voter à 18, mais pour être citoyen complet sur le plan de tes droits sociaux, c'est 25 ans (RSA). Avec l'idée sous-jacente que les épreuves forment la jeunesse. Et donc si tu peux en baver un peu pour faire des études, en baver un peu pour trouver un logement, en baver un peu pour te loger, pour trouver un premier boulot, c'est pas mal, tu auras fait l'apprentissage du mérite. Finalement, la jeunesse doit être une épreuve.

Nous on considère que la jeunesse ne doit pas être une épreuve et qu'il faut accompagner cette entrée dans la vie active qui est souvent difficile, donc l'idée du minimum jeunesse, c'était l'ouverture des droits sociaux à 18 ans comme dans 24 des 28 pays de l'Union européenne, en comptant encore le Royaume-Uni qui était dans l'UE. En définitive, sortir d'une singularité française inégalitaire. Concernant les modalités, on les avait calquées sur les conditions du RSA. Ça pose également en filigrane la question de qu'est-ce qu'un foyer fiscal ? À quoi on se rattache ? Est-ce qu'un jeune correspond à un foyer fiscal ? C'était un sujet qu'on n'avait pas tout à fait tranché.

Et l'idée du minimum jeunesse c'est, comme l'avait permis le minimum vieillesse, de sortir la jeunesse de la pauvreté qui l'accable plus que toute autre catégorie de la population. Le taux de pauvreté des jeunes est bien plus important que celui des actifs au-delà de 25 ans.

La droite a contesté l'universalité de notre proposition en disant qu'il serait injuste que cette dotation en capital bénéficie autant au fils de Bernard Arnault qu'à un enfant de l'assistance publique par exemple. Je récuse cet argument en disant : « non, la justice du dispositif réside dans le fait que l'héritage Arnault sera taxé au moment de la transmission en prenant en compte sa faculté contributive. » Et en réalité, ce qui lui sera prélevé sur son héritage sera infiniment plus grand que ce qui sera donné au titre de la dotation en capital. Et ça rejoint une réflexion qui est la mienne, c'est que je considère que le projet de la gauche sociale, c'est celle du retour à l'universel : des droits pour tous plutôt que des allocations pour certains. Et c'est le système de prélèvement social et fiscal qui organise la redistribution et l'égalité réelle. Ça évite les effets de seuil. Ça évite que tous ceux qui sont juste au-dessus, les classes moyennes, n'aient rien. Et donc du coup tu soldes la question « d'assistanat. »

D'ailleurs, ce minimum jeunesse il est voisin de la réflexion sur le revenu universel, qui n'a pas fonctionné parce qu'il n'était pas pensé au retour à l'universel. Et surtout qu'il entretenait une confusion avec l'avenir du travail. Il formule l'hypothèse d'une disparition du travail. Là où moi je la conteste puisque je dis qu'on va avoir besoin de gens pour gérer à la fois la transition démographique et la transition écologique. Le grand défi qui nous est fait, c'est de trouver des gens et on le voit bien dans les métiers du soin et du lien. On ne les trouve pas parce que c'est trop mal payé. C'est pour ça qu'il faut là aussi que la valeur change de camp, qu'elle soit du côté de l'utilité sociale et pas seulement de la production théorique de richesse.

La critique de l'héritage vaut bien un prix Nobel

Le prix Nobel, qui récompense chaque année des personnalités savantes dans leurs domaines ayant contribué de façon significative au progrès de l'humanité à travers leurs différents travaux, ne pourrait exister sans une critique radicale de l'héritage doublée d'une action forte de la part d'Alfred Nobel, son fondateur.

Ce dernier, sans enfant, a en effet décidé de léguer la quasi-totalité de sa fortune à un fonds permettant de poursuivre le but assigné à son Prix.

Cette décision est le résultat d'une critique importante de l'héritage, rapportée par Dominique Roux[1] :

« Ils vont trop souvent à des incapables et n'apportent que des calamités par la tendance à l'oisiveté qu'ils engendrent chez l'héritier. Un adage populaire dit "la première génération crée la fortune, la seconde la fait fructifier, la troisième la dilapide". »

Cette critique relève également d'une approche méritocratique. Le caractère « oisif » dénoncé par Alfred Nobel rejoint la position des saint-simoniens.

Les gardiens du temple. On a vu que les détracteurs de l'héritage sont nombreux. Mais si l'héritage existe, c'est qu'on trouve des défenseurs de cette idée. Qui sont-ils ?

La défense capitaliste

Le principe de fonctionnement du capitalisme est de faire du profit afin d'accumuler du capital. L'héritage est donc l'enfant naturel du capitalisme. C'est le moyen de reproduction social des élites économiques. Il lie propriété privée, capital et valeurs familiales.

La position libérale

Plusieurs économistes libéraux ont critiqué la taxation, voire l'abolition de l'héritage. Deux exemples sont frappants : de Léon Walras, économiste du XIXe siècle et Pascal Salin, plus contemporain.

---

[1] D'après Dominique Roux, Daniel Soulié, *Les prix Nobel de sciences économiques (1969-1990)*, Economica, 1991, p. 11.

Pour Léon Walras, théoricien de la notion d'équilibre général, considéré par Schumpeter comme le plus grand de tous les économistes (fin XIXe siècle), les droits de succession relèvent d'un « inventaire obligatoire au décès et qui consiste à envahir le domicile de l'individu au moment de sa mort, à ouvrir ses tiroirs, fouiller ses papiers, dresser rétrospectivement ses comptes de recettes et dépenses en vue d'évaluer l'insuffisance de ses déclarations et de taxer sa succession d'une amende de dix ou quinze fois le montant présumé de cette insuffisance » ![1]

L'économiste libéral Pascal Salin, classé parmi les « Nouveaux économistes » chargés de développer les idées néo-libérales en France (fin XXe début XXIe siècle), donne plusieurs arguments en faveur du maintien de ce dispositif. Il affirme qu'il est « immoral d'attenter au droit de propriété ».

« Au fond, ce que je remets en cause, c'est l'évaluation du mérite. *Il n'y a pas moins de mérite à savoir faire fructifier un héritage qu'à réussir dans son travail.* La valeur du mérite se mesure à l'investissement de l'être humain. Tout effort est un mérite. C'est pourquoi je considère que les droits de succession devraient être supprimés, dans tous les cas. Chacun doit pouvoir léguer ce qu'il veut à qui il veut. »[2]

En définitive, il considère que savoir faire fructifier un héritage est la même chose que réussir dans son travail. Il est clair que connaître les dispositifs fiscaux permettant de faire fructifier l'héritage nécessite soit un bon réseau, sûrement durement travaillé, soit une lecture attentive de toute la doctrine de droit fiscal.

Ces critiques de l'idée abolitionniste portent sur l'héritage économique, sans mettre l'accent sur un aspect pourtant essentiel : l'inégalité genrée des successions.

---

[1] Par Alexandre Reichard pour *Alternatives économiques* : « L'héritage un sujet qui divise les économistes ».

[2] « Faut-il taxer l'héritage ? Pour/Contre », Patrick Savidan *vs* Pascal Salin pour *Philonomist*.

Chapitre 8
Pour une critique féministe de l'héritage

Le mot patrimoine vient du latin patrimonium qui signifie « l'héritage du père ». Les femmes en sont littéralement, pratiquement et symboliquement exclues.

J'ai bien conscience que la société patriarcale dans laquelle nous vivons m'assure injustement une certaine assise sociale malgré mon origine prolétaire, pour la simple et bonne raison que je suis un homme. Cette assise se traduit notamment par des inégalités de revenus qui se font au détriment de la femme, à cause du temps partiel souvent subi. Les femmes gagnent en moyenne 25 %[1] de moins que les hommes.

Rappelons aussi que le couple est, au-delà du lieu des sentiments mêlés et des désirs partagés, une institution économique. C'est le lieu de la reproduction humaine, mais aussi de la reproduction des inégalités. Précisément, les inégalités dans le partage des tâches y sont poussées à leur paroxysme. Ce n'est que depuis les années soixante-dix, grâce au militantisme féministe, que l'on parle du « travail » domestique comme d'un travail qui devrait être reconnu. Cette activité est telle qu'elle constituerait 33 % du PIB si elle était prise en compte dans la richesse nationale produite chaque année.[2] Ce travail est mené dans une grande majorité par les femmes, malgré le fait qu'il ne soit pas rémunéré : ce qui conduit inévitablement à un temps passé à travailler gratuitement plus important pour les femmes que pour les hommes. Ainsi, ces derniers ont plus de temps pour faire évoluer leur carrière professionnelle, au détriment de celle des femmes, ce qui conduit là encore à des inégalités de revenu à terme. En définitive, les femmes travaillent

---

[1] Annexe 9.

[2] Roy, Delphine, « Le travail domestique : 60 milliards d'heures en 2010 », *Insee Première*, n° 1423, novembre 2022.

plus que les hommes et les hommes accumulent plus que les femmes car ils passent moins de temps à travailler gratuitement.

Ces inégalités se retrouvent également dans la séparation, et il suffit de constater que plus de 30 % des pensions alimentaires, souvent dues par les hommes, n'étaient pas payées jusqu'à l'instauration du service public de recouvrement des pensions impayées pour affirmer que les femmes se trouvent généralement lésées sur le plan économique dans le couple. Désormais, ce taux se rapproche des 24 %.[1]

Il est également prouvé que si le travail domestique des femmes diminue, ce n'est pas tant grâce à une participation plus importante des hommes aux tâches ménagères mais plutôt grâce aux nouvelles technologies (lave-vaisselle, sèche-linge…). Il reste malgré tout une différence de 3 heures entre femmes et hommes dans un couple avec enfants : les premières passent 54 heures par semaine à ce travail gratuit quand leurs conjoints y passent 51 heures.

Les inégalités de revenus restent cependant largement devancées par les inégalités de patrimoine. À ce titre, critiquer l'héritage, c'est tendre vers le féminisme. Plusieurs travaux démontrent les inégalités immenses liées au genre et à la transmission du patrimoine. Un détour rapide par l'étymologie s'impose ici : il est intéressant de noter que le mot « patrimoine » vient du latin *patrimonium* qui signifie « l'héritage du père ». Les femmes en sont littéralement, pratiquement et symboliquement exclues.

Concrètement, en France, entre 1998 et 2015, l'inégalité de patrimoine entre les hommes et les femmes est passée de 9 % à 16 %, ce qui s'explique par les inégalités de revenus mais aussi par les inégalités de successions.[2]

Avant la succession, il existe une inégalité de situation particulièrement frappante : du fait de l'écart d'âge moyen dans les couples (douze ans en moyenne), les femmes s'occupent plus souvent de leurs conjoints en fin de vie, quand, à l'inverse, elles finissent souvent la leur seules, veuves et en maison de retraite. Ces

---

[1] « Le taux d'impayés est passé de 30 % en 2017 à 24 % en 2023 », explique Maria Kitanova, directrice de l'Aripa.

[2] Frémeaux, Nicolas et Leturcq, Marion, Inequalities and the individualization of wealth, *Journal of Public Economics*, n° 184, janvier 2020.

inégalités se cristallisent dans l'héritage, au moment de la succession[1].

Je rappelle que ces successions ne concernent qu'une minorité de ménages puisque la grande majorité de la population n'hérite de rien ou de très peu. Cependant, lorsqu'une succession advient, les garçons héritent des biens structurants (entreprises, actions, biens immobiliers) quand les filles héritent le plus souvent de compensations financières, malgré la règle inscrite dans notre code civil de l'égalité des héritiers devant la succession. Dans le but de préserver la paix familiale, les notaires se considèrent alors comme les gardiens du bon déroulement de la succession, et peu de litiges se règlent devant les tribunaux, malgré des successions souvent organisées de manière à ce que les hommes reçoivent plus que les femmes. À ce sujet, les travaux cités dans le podcast d'Anna Perrin Heredia et de Camille Herlin-Giret, sociologues, sont révélateurs : dans les familles pauvres, les femmes gèrent (la misère), quand dans les familles riches, les hommes gèrent (la richesse).[2] Pourquoi cette différence ? Elle s'explique par une situation plus solide des hommes, qui gagnent souvent plus que les femmes pour les raisons déjà évoquées. Ainsi, les inégalités renforcent les inégalités. Cette logique est celle dite par Céline Bessière et Sybille Gollac, autrices du livre sur lequel le podcast se fonde, de la comptabilité inversée : on ne se pose pas la question de qui a quoi, mais de qui peut quoi. Autrement dit, c'est la personne la mieux dotée en capital ou en revenus qui va s'occuper de la maison familiale par exemple car elle a les moyens financiers nécessaires pour le faire. En un mot, les femmes doivent se battre, toujours et tout le temps, dans leur vie comme devant la mort, pour que leur statut soit respecté et reconnu.

À cet égard, l'abolition de l'héritage est un combat féministe. L'héritage, oui, mais l'héritage économique : car il est impossible d'abolir les autres.

---

[1] Tuaillon, Victoire, « Le patrimoine, enjeu capital », *Les Couilles sur la table*, Binge Audio, février 2020. Podcast tiré du livre : Bessière, Céline, et Gollac, Sybile, *Le genre du capital*, La Découverte, 2022

[2] Ibid.

Chapitre 9
L'héritage au pluriel

Le principe même de l'héritage est de maintenir une inégalité de patrimoine en fonction du sang. En plus d'hériter du réseau relationnel, du capital culturel et du capital symbolique, pourquoi les héritiers déjà favorisés devraient disposer d'un héritage économique conséquent ?

Lorsque je parle d'héritage et de son abolition, je commets un raccourci grossier : il serait réducteur de considérer ce phénomène sous le seul prisme économique. Il n'est pas possible d'abolir l'héritage, car l'héritage au singulier est une fable : il est pluriel. L'héritage économique est évidemment important mais il n'est ni exclusif ni le plus décisif.

En effet, hériter c'est aussi recevoir des savoir-être ou des savoir-faire. On hérite d'une morale, d'une éthique, d'une éducation et de valeurs. On hérite de comportements, de façons de parler, de se tenir et d'agir. On peut hériter d'un réseau relationnel. On hérite surtout d'une culture, de connaissances, de références…

Tout cet héritage culturel est essentiel dans la construction personnelle. Il permet en définitive de s'insérer plus ou moins facilement dans la société.[1]

Il existe donc plusieurs héritages : économique, culturel, relationnel… Cela a été théorisé par d'éminents sociologues dont le plus connu est certainement Bourdieu, avec la notion d'habitus notamment. À cet égard il a été démontré qu'en disposant de certains capitaux, sociaux et culturels par exemple, hérités de l'éducation donnée par les parents, on pouvait s'en sortir. C'est le cas des filles et fils de professeurs qui malgré une situation

[1] Dans *Esquisse d'une théorie de la pratique* (1972), Pierre Bourdieu définit l'*habitus* comme étant « une loi immanente, déposée en chaque agent par la prime éducation ».

économique des parents non aisée s'en sortent dans le système scolaire par une connaissance accrue des filières, des écoles et des stratégies d'orientation…[1]

Ce propos vise à insister sur le fait que l'héritage économique, consubstantiel à la reproduction sociale des élites n'est pas le seul héritage visé par l'idée abolitionniste. Il avait ainsi été proposé durant la Révolution française de confisquer les enfants aux parents, à un âge qui permettrait d'éduquer chacun d'entre eux sans influence familiale pour mettre en place un système égalitaire. On voit bien que ce dernier serait aussi totalitaire[2].

Dans le même registre, Platon a imaginé une cité idéale dans *La République* où les relations personnelles seraient si amoindries que l'existence du père et de la mère en tant qu'entité privée relèverait de l'hérésie. Ceux-là seraient remplacés par une famille plus large, composée de membres de la Cité, qui aurait pour tâche d'assurer l'éducation des enfants, tendant à ce que ce dernier considère chacun comme un parent, ce qui permettrait l'avènement de la paix totale et la « [délivrance] de toutes les querelles dont l'argent, les enfants et les proches sont l'occasion ».

Au-delà de l'aspect économique, l'héritage est donc un phénomène pluriel qui influe considérablement sur la vie du futur citoyen. Le rôle de la République – et de l'État en général – est précisément de lutter contre cet état de nature en organisant des services et politiques visant à réduire les inégalités de naissance. Idéalement, tous les héritages devraient donc être abolis, a minima atténués. La lutte contre les déterminismes sociaux est un combat majeur qui nécessite une approche pluridisciplinaire et qui mériterait tout un programme. Si cette critique a longtemps été foisonnante, elle est malheureusement retombée de nos jours. Mais ce temps doit être révolu.

---

[1] Pierre Bourdieu, Jean-Claude Passeron, *Les Héritiers. Les étudiants et la culture*, 1964, Collection « Le sens commun ».

[2] La République prendrait à sa charge tous les enfants de 5 ans à 11 ans pour les filles et de 5 à 12 ans pour les garçons. Tous, sans distinction et sans exception, seraient élevés en commun dans des internats, des « maisons d'éducation » et « sous la saine loi de l'égalité, recevraient mêmes vêtements, même nourriture, même instruction, mêmes soins ». Plan d'éducation de Lepeletier de St-Fargeau lu par Robespierre à la Convention le 13 juillet 1793.

Entretien avec Carole Delga

Carole Delga est présidente de la région Occitanie. J'avais à cœur de lui demander son avis car c'est celui d'une élue proche du terrain, lui-même proche du mien : le Cantal.

Quand on te dit « héritage », qu'est-ce qui te vient à l'esprit ? Une pensée a priori positive, négative ?

Plusieurs choses me viennent à l'esprit.

C'est d'abord l'héritage d'un patrimoine commun, la République. Elle est belle parce qu'elle « indivisible, laïque, démocratique et sociale ». Chaque mot compte, chaque mot est une promesse, un idéal, un combat aussi face à la montée des populismes nationalistes et aux tentations de repli, de division. Ce sont des principes et des valeurs que je défends avec détermination pour mieux les transmettre à mon tour. Ce patrimoine se conjugue avec le rôle de l'école ; je pense à mes enseignants qui m'ont transmis des savoirs en héritage et ont grandement contribué à la femme libre que je suis. Je crois en une école garante de l'égalité des chances, je défends une école qui réduit les inégalités de dotation en capitaux culturel, social et économique de nos enfants et restaure leur confiance en l'avenir. C'est pourquoi je me bats dans mon action politique pour stopper la reproduction, dès la petite enfance, des assignations multiples, des relégations territoriales ou encore de l'enfermement de classes, comme l'explique Agathe Cagé dans son dernier ouvrage « Classes figées ». C'est un immense défi pour la gauche et pour notre pays.

L'héritage, c'est ensuite la transmission d'un nom, d'une identité et d'une histoire familiale qu'on acceptera en partie ou totalement, qu'on oubliera un peu ou qu'on conservera beaucoup selon l'affection qu'on leur porte. Je suis issue d'un milieu très modeste, tenu par des femmes, où l'on m'a enseigné le sens de l'effort, du travail et du courage. Où l'on m'a transmis des valeurs pour une vie et des valeurs qui prennent soin de la vie des autres. Où j'ai hérité d'un accent, d'un langage, de codes. Je me souviens de mon arrivée en tant que ministre à Bercy… Pour certains, puisque je n'étais pas la fille de « quelqu'un », j'étais alors la fille « de rien ». Triste reproduction et méprise des élites.

Dans mon milieu, c'était aussi le principe « on a ce qu'on mérite » et je continue à être très attachée à cette idée qui donne à chacun une autre chance que le simple hasard de la naissance. Et puisque c'est le sujet de cette conversation… Hériter, mériter. Un héritier, un méritier. Pourquoi ne pas installer un nouveau mot et parler de « méritiers » comme il y a des héritiers ? Plus sérieusement, ces différents héritages, chevillés au corps, me guident tous les jours en tant que Présidente de la Région Occitanie dans les choix que je fais pour la mise en place de politiques publiques. Avec l'objectif premier d'apporter la garantie de se réaliser pleinement, quelle que soit son origine sociale ou géographique. De lutter contre les inégalités de destin, la reproduction de l'ordre social, ce déterminisme décrit par Bourdieu.

Enfin quand je pense à l'héritage, il me vient à l'esprit la transmission d'un patrimoine économique et financier d'une génération vers une autre. Elle est parfaitement légitime et je sais les Français très sensibles à cet héritage et à ce qu'ils transmettent à leurs enfants. L'Histoire nous apprend que le peuple français est très soucieux des inégalités. Or l'héritage façonne notre société, il reproduit les inégalités de génération en génération, voire les aggrave. Aujourd'hui, quel choix faisons-nous : allons-nous vers une société plus égalitaire et inclusive ou vers une société plus inégalitaire et hiérarchisée ? Quel rôle donnons-nous à l'héritage : celui de réduire ou d'aggraver les inégalités sociales ? C'est une question de choix, il est éminemment politique, il ancre clairement le clivage des idées entre la gauche et la droite. J'ai mes convictions : réduisons les inégalités en encadrant la transmission et l'héritage des plus gros patrimoines économiques et financiers.

Blum a proposé l'abolition de l'héritage, le groupe socialiste avait alors refusé, car trop radicale, penses-tu cela envisageable aujourd'hui ?

Dans sa réflexion sur l'héritage, Léon Blum esquissait déjà une piste ambitieuse d'une succession qui, au-delà de la lignée directe, pourrait bénéficier à la nation. Une proposition audacieuse, portée par l'idée que l'intérêt général doit aussi trouver sa place dans les transmissions patrimoniales face aux grandes dynasties. Cette vision, bien qu'idéale et exigeante, a le mérite de poser le débat fondamental de la répartition des richesses.

Comme vous le savez, je suis animée par l'héritage politique de Jean Jaurès, à qui j'ai consacré un ouvrage « Les convictions et le courage », comme à ce que Léon Blum a apporté au socialisme. Ils nous ont transmis les principes d'une gauche bien ancrée dans le réel, d'une gauche du courage, de l'émancipation et de la justice sociale.

Comme de très nombreux Français, je suis pour une société de l'héritage, pas pour une société d'héritiers. Nos concitoyens restent profondément attachés au projet, très légitime, de transmettre un « quelque chose » à leurs enfants. C'est continuer à aider ses enfants, c'est leur assurer une forme de sécurité matérielle face aux aléas et aux épreuves de la vie.

Je n'ai jamais envisagé d'abolir l'héritage, mais je partage pleinement le constat de Léon Blum : l'héritage constitue, à l'état pur, un phénomène d'inégalité, une inégalité qui s'est accrue au fil du temps. Aujourd'hui, la fortune héritée représente 60 % du patrimoine total des Français, contre 35 % en moyenne dans les années 70. Avec de très fortes disparités : la moitié d'entre eux auront hérité de moins de 70 000 € dans leur vie pendant que 1 % aura reçu 4 millions d'euros. Il me semble donc essentiel de réguler la transmission des concentrations excessives de capitaux et de rentes. Pour cela, il est nécessaire de réformer la fiscalité du patrimoine, tant avant qu'au moment de la transmission. Ce n'est qu'ainsi que nous pourrons lutter contre les inégalités.

Je veux faire de la fiscalité un outil de justice fiscale, fidèle à la vision de Blum selon laquelle « Toute société qui prétend assurer aux hommes la liberté doit commencer par leur garantir l'existence ». Est-ce radical ? Je ne sais pas, je sais surtout que c'est vital pour notre avenir collectif et notre République en commun.

Aurais-tu une proposition relative aux inégalités de patrimoine et à leur reproduction ? Comment les endiguer et est-ce souhaitable de le faire ?

Mesure-t-on vraiment le niveau d'inégalité auquel est arrivé notre pays en quelques décennies ? Les inégalités de patrimoine se sont fortement accrues sous l'effet de la hausse de l'immobilier. Les revenus du capital ont pris le pas sur les revenus du travail. Certains ont du mal à vivre du produit de leur travail quand d'autres vivent très confortablement du travail des autres. Le rentier l'emporte sur le salarié, le « méritier » se fait rare. Les études économiques les plus récentes le confirment, je pense aux chercheuses et aux chercheurs autour de Thomas Piketty.

Il faut bien évidemment endiguer ces inégalités de patrimoine et c'est plus que souhaitable, c'est indispensable. Elles alimentent les inégalités sociales qui déchirent notre tissu social.

Je pense d'abord que la fiscalité successorale est mal faite. Elle est pleine d'exonérations et d'exemptions en faveur des plus gros patrimoines qui réduisent sa progressivité et donc son efficacité. Les ménages les plus riches paient proportionnellement moins d'impôts qu'un ménage moins aisé. C'est une politique publique trouée, il faut la reprendre et la repriser.

Comment faire ? Avec bon sens populaire. Les Français le disent souvent : revoyons les exonérations et les exemptions, qui ne se justifient pas. Établissons une progressivité faible sur les petites et moyennes successions, imposons plus fortement les 1 % des plus importantes transmissions. Et ne pas attendre la succession : il faut installer cette fiscalité plus juste tout au long de la vie paisible des rentes et des très gros patrimoines comme lors des donations.

Concrètement, plusieurs propositions de réforme pourraient voir le jour : le rétablissement de l'ISF, le « rappel fiscal à vie », l'instauration d'un impôt sur les grandes successions (IGS), l'alignement de la fiscalité de l'assurance-vie sur celle du droit commun ou encore taxer les plus-values latentes. En effet, lors d'une succession ou d'une donation, les plus-values ne sont pas taxées et ne le seront qu'au moment de la revente de l'action. Renforcer la justice sociale doit passer par l'impôt. Il est le ciment de notre modèle social solidaire.

Que penses-tu de l'idée d'une dotation universelle de 50 000 euros à 18 ans pour émanciper les jeunes ?

Existe-t-il un revenu possible en dehors du salaire ? Oui, la rente. Donc l'idée d'une dotation universelle n'est pas inintéressante. Il ne faut jamais s'interdire de réfléchir. J'aime le gage de confiance qu'elle donnerait dans la jeunesse de notre pays. Mais vous aurez compris qu'elle ne va pas dans le sens de l'idée même du « méritier » que je vous ai décrite au début de cet entretien. Et du fait de son caractère universel, elle ne participerait que très partiellement à réduire les inégalités. Pour moi, on ne devrait pas attribuer uniformément à tous le même montant : à chacun selon ses besoins. Son montant devrait être progressif en fonction des revenus et du patrimoine familial et elle ne serait pas versée d'un seul coup. En Occitanie, on a privilégié une autre voie à l'échelle locale : la mise en place d'un revenu écologique Jeunes lié, en contrepartie, à une formation professionnelle pour les métiers verts.

Néanmoins il faut parler vrai. Je suis une femme politique responsable, qui gère une collectivité d'une région de 6 millions d'habitants. La France est face à un mur de dettes critique (3 000 milliards d'€) qu'il est urgent de résorber, sauf à plonger notre pays dans une crise économique et sociale. La situation budgétaire actuelle ne permet pas la mise en place d'une dotation universelle estimée à 40 milliards d'euros par an. Même en augmentant nos recettes fiscales.

Surtout cette dotation risquerait de se faire aux dépens des investissements massifs (transport, énergie, habitat, etc.) dont a besoin notre pays en matière de transition écologique. Jean Pisani-Ferry et Selma Mahfouz les ont estimés, dans leur rapport publié en 2023, à 34 milliards d'euros par an pour la puissance publique. Ou encore au détriment des politiques d'éducation, de santé, de logement qui se sont fortement dégradées ces dernières années et qui ont besoin en urgence de plus de moyens. C'est-à-dire précisément au détriment des services publics, qui sont « le patrimoine de ceux qui n'en ont pas » et dont leur sauvegarde reste pour moi la priorité.

Chapitre 10
Peu à peu, osons abolir l'héritage

1- D'abord, réformons drastiquement les droits de succession

Que faire en attendant l'avènement de l'utopie égalitaire si ce n'est utiliser les moyens existants ? Une réforme majeure des droits de succession consisterait à renforcer l'impôt en supprimant les quatre dispositifs d'exonérations et en augmentant les taux et le nombre de tranches. Cela permettrait finalement de garantir l'effectivité du barème en vigueur.

Cette effectivité devrait s'accompagner d'une plus grande progressivité permettant de faire moins payer les ménages modestes et de renforcer considérablement l'impôt sur les plus aisés.

Pour ce faire, il convient de ramener l'abattement fiscal en ligne directe de 100 000 à 30 000 euros et de faire courir la progressivité à partir du premier euro perçu après cette somme. Cela devrait concerner tant les successions que les donations.

Taxer les donations, l'héritage de son vivant

Là aussi, il importe de créer un véritable impôt progressif ciblant les donations, donc un impôt sur l'héritage perçu au cours de sa vie. Cela consisterait à mettre fin à l'abattement de 100 000 euros sur les donations et de ramener ce dernier à 5000 euros. Cette somme peut paraître conséquente pour certains et dérisoire pour d'autres, elle permet en tous les cas de maintenir la possibilité d'aider un proche tout en évitant les phénomènes de concentration et surtout de transmission du capital au sein d'un même cercle. La possibilité de transmettre dans le temps sans payer resterait inchangée : tous les 15 ans, il serait possible de bénéficier de l'abattement.

Qui a dans son entourage une personne ayant reçu 100 000 euros de ses parents comme cadeau ? En quoi ce changement d'abattement bouleverserait-il la vie de la grande majorité d'entre nous ?

Il est actuellement question de la ligne directe (parents/enfants). Dans un souci de lisibilité, ces nouveaux barèmes s'appliqueraient à tous les potentiels bénéficiaires (frères, petits-enfants…).

Enfin, une plus grande progressivité des taux et le passage à 11 tranches, permettant de payer moins quand on n'a rien, et de payer plus quand on a beaucoup. Pour rappel, environ 66 % des héritiers touchent moins de 30 000 euros. À titre indicatif, voilà ce que donnerait la fiscalité réformée pour les successions :

BARÈME ACTUEL

(ABATTEMENT APRÈS 100 000 €)

Jusqu'à 8 072 €	5 %
De 8 073 € à 12 109 €	10 %
De 12 110 € à 15 932 €	15 %
De 15 933 € à 552 324 €	20 %
De 552 325 € à 902 838 €	30 %
De 902 839 € à 1 805 677 €	40 %
Plus de 1 805 677 €	45 %

(ABATTEMENT APRÈS 30 000 €)

Jusqu'à 8 000 €	5 %
De 8 001 € à 20 000 €	10 %
De 20 001 € à 30 000 €	15 %
De 30 001 à 50 000 €	20 %
De 50 001 à 100 000 €	25 %
De 100 000 à 250 000 €	40 %
De 250 001 à 600 000 €	50 %
De 600 001 à 950 000 €	60 %
De 950 001 à 1 900 000 €	70 %
Plus de 1 900 000 €	75 %

Une exception concernerait les donations entre personnes de même famille en ce qui concerne les exploitations agricoles. Elles pourraient être faites, du vivant des donateurs, sans aucune taxation. En effet, la difficulté qui touche le monde agricole est telle qu'il ne faut pas empêcher les paysans de passer la main. Il en est de même concernant la résidence familiale qui serait dorénavant complètement exonérée.

À titre indicatif, voilà ce que donnerait la fiscalité réformée pour les donations :

(ABATTEMENT APRÈS 100 000 €)

Jusqu'à 8 072 €	5 %
De 8 073 € à 12 109 €	10 %
De 12 110 € à 15 932 €	15 %
De 15 933 € à 552 324 €	20 %
De 552 325 € à 902 838 €	30 %
De 902 839 € à 1 805 677 €	40 %
Plus de 1 805 677 €	45 %

(ABATTEMENT APRÈS 30 000 €)

Jusqu'à 8 000 €	5 %
De 8 001 € à 20 000 €	10 %
De 20 001 € à 30 000 €	15 %
De 30 001 à 50 000 €	20 %
De 50 001 à 100 000 €	25 %
De 100 000 à 250 000 €	40 %
De 250 001 à 600 000 €	50 %
De 600 001 à 950 000 €	60 %
De 950 001 à 1 900 000 €	70 %
Plus de 1 900 000 €	75 %

2- Émancipons tous les jeunes grâce à la dotation universelle

50 000 euros à 18 ans

Pour l'autonomie des jeunes, je propose de verser une dotation universelle à tout citoyen majeur dès ses 18 ans de l'ordre de 50 000 euros. Ce versement est conditionné à la réalisation d'un service civique à effectuer dans une association ou une collectivité. Le tout financé par la réforme des successions proposée et à terme l'abolition complète de l'héritage.

Avoir 18 ans est synonyme d'envol du cocon familial et de découverte. Au-delà de l'intérêt que cela peut susciter, des interrogations matérielles demeurent.

Voilà une idée simple et de justice : la dotation universelle de 50 000 euros versée à 18 ans en échange d'un service civique. Cette dotation universelle, c'est-à-dire versée à tous, a pour objet l'autonomie de tous les jeunes. Elle serait conditionnée à la réalisation d'un service civique au choix de 6 mois entre ses 18 ans et ses 25 ans (discontinus ou continus) dans une collectivité ou une association. Cet engagement en faveur de l'intérêt général permettra de vivifier le lien social et, par conséquent, de pousser chacun à s'investir dans la vie de la cité.

L'universalité est la condition *sine qua non* de l'autonomie de tous, étudiants, jeunes travailleurs, penseurs, écrivains, voyageurs, ou même perdus, sans distinction de milieu et de revenus des parents.

Pourquoi donner 50 000 euros à un jeune citoyen issu d'un milieu favorisé ? L'idée est qu'un jeune adulte peut être en rupture avec ses parents, qu'importe leur mode de vie et que l'État ne doit oublier personne.

Surtout, cette dotation viendra soulager la grande majorité des foyers modestes qui se saignent pour offrir de bonnes conditions de vie à leurs enfants.

Le versement serait généralisé et l'utilisation des deniers ne sera pas contrôlée.

Cette liberté d'usage est synonyme de choc de confiance envers les jeunes générations. Rappelons que ces dernières ont connu des traumatismes importants et n'ont pas été traitées avec considération. L'infantilisation régulière dont elles ont été l'objet (pendant le confinement par exemple)[1], les mots durs de certains responsables politiques (« Tu casses, tu répares, tu salis, tu nettoies, tu défies l'autorité, on t'apprend à la respecter »)[2] n'ont pas témoigné d'une grande affection ni d'une grande confiance à leur égard.

Pourtant, ma génération est celle des attentats : je suis de la génération Charlie, mais aussi de l'anxiété climatique : je suis de la génération climat. Ma génération est, enfin, celle de la guerre aux portes de l'Europe.

D'autres générations après nous auront à vivre des moments difficiles, et ces lignes ne visent qu'une seule chose : rappeler la nécessaire confiance à accorder aux plus jeunes. C'est pour les générations à venir qu'il faut se battre.

Trois postes de dépense essentiels pour cette dotation universelle de 50 000 euros se dessinent :

- Le logement (loyer et charges)
- Le transport (voiture pour le monde rural ou abonnement en ville)
- Les études/dépenses liées à une première activité laborieuse

Mais cette dotation pourrait également permettre le financement de l'éducation, de l'accès à la culture, du transport, d'un projet personnel ou bien même de voyages : tout ce qui permet l'ouverture d'esprit et la formation citoyenne est bon à prendre.

Pourquoi 18 ans ? Car c'est le moment de la majorité civique.

Pourquoi 50 000 euros ? Car il faut un montant qui permette à la grande majorité qui touche moins de 30 000 euros d'héritage de bénéficier de cette avancée sociale, permise par la taxation des plus riches.

---

[1] « Le problème, c'est le brassage. Ce n'est pas le cours dans l'amphithéâtre mais l'étudiant qui prend un café à la pause, un bonbon qui traîne sur la table ou un sandwich avec les copains à la cafétéria », F. Vidal, ex-ministre de l'enseignement supérieur au sujet du comportement supposé des étudiants en faculté durant la période COVID.

[2] Gabriel Attal lors de son discours de politique générale.

La dotation universelle coûterait 40 milliards d'euros par an. Il y a en effet environ 800 000 personnes atteignant la majorité/an (800 000 x 50 000 = 40 000 000 000). Ce montant peut baisser ou augmenter selon la natalité chaque année. Cette mesure serait financée par une abolition de l'héritage. Précisons : abolition à terme notamment des flux financiers. Sinon, taxation plus forte des successions comme indiqué plus haut.

La proposition de dotation universelle a par ailleurs été récemment portée par la candidate à l'élection présidentielle Anne Hidalgo (PS) et le Parti Radical de Gauche. Anne Hidalgo proposait une dotation à hauteur de 5000 euros à 18 ans. Le PRG propose une dotation à 30 000 euros. L'idée de la dotation universelle est également défendue depuis longtemps par le socialiste Julien Dray, et plus récemment par Olivier Faure.

Cette mesure permettrait l'universalité, et donc la reconnaissance que chacun détient des mêmes capacités, sur la seule base de la citoyenneté. Elle serait sociale, car elle suppose une redistribution conséquente des richesses. Elle créerait le socle d'un nouveau contrat social entre la société et sa jeunesse, celle-ci s'engageant pour une période importante à agir au service de l'intérêt général et du lien social. Elle serait enfin féministe et progressiste, car elle soulagerait considérablement toutes ces femmes remarquables, mères seules ayant élevé leurs enfants dans des conditions souvent difficiles. Les familles monoparentales baignent dans des situations précaires. D'autres familles aussi, et cette dotation permettrait de faire vivre leurs enfants dans des logements salubres et avec des conditions correctes.

3- À long terme, créons une nouvelle branche de la Sécurité sociale : l'autonomie, pour les jeunes aussi

De nombreuses réflexions existent à propos de la branche de la Sécurité sociale visant à gérer le sujet important de l'autonomie, surtout des plus âgés. Cette branche pourrait aussi avoir la charge de l'autonomie des plus jeunes.

Le vieillissement de la population nécessite de lourds moyens pour prendre en charge toutes les questions relatives à l'autonomie de nos aînés. L'autonomie renvoie à des considérations matérielles très concrètes et il suffit d'observer les inégalités d'accès à des maisons de retraite correctes ou à des dispositifs permettant le maintien des plus vieux à domicile pour se rendre compte des disparités socio-économiques.

Cet enjeu va devenir majeur d'année en année.

Cependant, la question de l'autonomie concerne également les jeunes.

Bien des incohérences existent à ce sujet dans notre système vis-à-vis des différentes jeunesses (plurielles dans leurs milieux, « la jeunesse » ne veut rien dire). Nous devenons adultes à 18 ans ce qui nous confère des droits civiques, mais nous ne pouvons prétendre au Revenu de Solidarité Active (RSA) par exemple, puisqu'il n'est accessible qu'à partir de 25 ans.

L'autonomie est pourtant nécessaire dès 18 ans. Certes, les parents ont une obligation alimentaire à l'égard des enfants majeurs :

Article 203 du Code civil : « Les époux contractent ensemble, par le seul fait du mariage, l'obligation de nourrir, entretenir et élever leurs enfants. »

Il arrive malheureusement parfois que les liens soient rompus entre parents et enfants. Il arrive aussi tout simplement que malgré l'obligation d'entretien qui vaut à l'égard des enfants, il ne soit pas possible pour les parents de financer correctement ce qu'il faudrait, et ce malgré toute leur bonne volonté.

Cela relève encore et toujours d'un souci d'argent.

L'autonomie des jeunes comme des plus âgés est indispensable, c'est une question de dignité. Cette autonomie doit être universelle, car tout être humain a droit à un traitement digne.

En plus d'une nouvelle branche autonomie, l'État devrait ainsi être en mesure d'accompagner tout nouveau citoyen dans ses besoins les plus vitaux.

Un triptyque de garantie des besoins sociaux fondamentaux : loger, transporter et alimenter

La garantie des services fondamentaux que sont le logement, le transport et l'alimentation permettrait de réduire les inégalités subsistantes malgré l'existence de la dotation universelle. À terme, ces inégalités pourraient vider cette dotation de sa substance, celle-ci étant détournée de son objectif initial pour répondre à des besoins vitaux. En clair : la dotation n'a pas vocation à subvenir aux besoins primaires. L'État devrait reprendre son rôle de gérant et non pas seulement de garant, en permettant le logement pour tous, la mobilité universelle et la Sécurité sociale de l'alimentation.

La garantie d'un logement pour tous

La question du logement est centrale. L'accès à un logement digne permet d'étudier et/ou de travailler dans de bonnes conditions. Ainsi, sur le modèle des logements CROUS (universitaires), une obligation pourrait peser sur l'État : celle de proposer à toute personne de 18 ans un logement au loyer CROUS (plus bas que le prix du marché) d'une superficie minimale de 14 m^2. Aujourd'hui, plusieurs logements sont proposés au minimum légal, soit 9 m^2. Cela n'est évidemment pas vivable.

Assurer une mobilité universelle

La question des transports est également cruciale. Dans les milieux ruraux et périurbains, disposer du permis et d'une voiture relève d'une obligation tacite, notamment pour étudier et travailler. Dans les milieux urbains, le coût d'un abonnement transport est difficilement supportable (environ 400 euros/an pour le pass Navigo étudiant). Quant au coût du train, il devient exorbitant pour un portefeuille modeste.

Pour répondre à ces problématiques, nous pourrions imaginer un système généralisé de gratuité des transports et de l'accès au permis à la suite du service civique effectué dans le cadre de l'obtention de la dotation universelle pour les jeunes de 18 à 25 ans.

Pour une sécurité sociale de l'alimentation

Enfin, la question de l'alimentation est fondamentale. L'État devrait rendre totalement gratuit l'accès à une alimentation saine à travers les repas du CROUS. Toute personne de 18 à 25 ans, en formation ou travaillant, n'aurait plus à sauter des repas ou participer à des files d'attente afin de récupérer un panier repas auprès d'une association quelconque.

En couplant la dotation universelle et ces trois politiques publiques émancipatrices, les générations futures seraient correctement accompagnées dans leurs projets.

Astuces et idées pour aider les riches à donner : les conseils de redistribution

« Je n'aurais jamais dû recevoir ces millions »

Mariene Engelhorn

Mariene Engelhorn est la fondatrice du mouvement « TaxMeNow » et héritière d'une grande fortune qu'elle a décidé de ne pas toucher afin qu'elle soit redistribuée.[1]

Elle explique avoir refusé de toucher cet héritage car elle n'a pas travaillé pour en bénéficier et que ce dernier, comme la plupart de ces immenses sommes, a été acquis dans des heures sombres. Elle s'est donc rapprochée de l'État autrichien pour demander à être taxée car, à sa grande surprise, aucun impôt de ce type n'existe en Autriche. Devant le refus de l'administration, elle a décidé de prendre les choses en main et d'organiser un « Conseil de la redistribution » avec des dizaines de citoyens qui, durant six semaines, ont réfléchi à la meilleure manière de dépenser cet héritage. Dans cette histoire, ce qui est le plus étonnant, c'est le refus de Mariene Engelhorn de faire du mécénat, celle-ci jugeant que ce système accrédite l'idée selon laquelle seuls les riches savent à qui et à quoi allouer ces sommes.

Son système de Conseil de redistribution permet aux citoyens de décider eux-mêmes de la façon dont l'argent va être utilisé. In fine, ces 25 millions d'euros ont été dépensés auprès d'associations de

[1] La 1 : « Taxer les riches ? » 25/09/2024.

préservation de l'environnement, de défense de minorités ou encore d'accès aux logements.

Il faudrait créer un conseil de la redistribution national ou européen, formé par des citoyens volontaires et à la disposition des riches héritiers de France voire d'Europe afin de financer des projets, des associations et toute politique que l'État refuse de mener par manque de moyens alors qu'il pourrait aller chercher l'argent là où il est.

Entretien avec Alexandre Ouizille

Alexandre, est-ce que tu peux me dire ce qui te vient à l'idée quand on te dit le mot héritage, c'est plutôt quelque chose de positif ou de négatif ?

Il y a deux choses, la dimension culturelle, ce riche legs de souvenirs collectifs, qui renvoie à quelque chose de positif, mais il y a aussi la réplication de la société sur elle-même. Il y a cette idée qu'en fait les cartes ne se sont jamais rebattues, qu'à aucun moment il n'y ait une chance donnée à une nouvelle génération d'aller au bout de son talent.

Il existe une vieille étude économique qui m'avait intéressée, qui prenait les vieilles familles florentines au XVIe siècle jusqu'à aujourd'hui et qui montrait que quand tu portes tel nom au XVIe siècle, encore aujourd'hui, ta proportion à être dans le premier décile, c'est à dire dans les 10 % les plus riches est multiplié par 9, donc ce sont des taux qui sont absolument considérables *(étude citée précédemment dans l'ouvrage*). C'est aussi une forme de permanence sociale, d'héritage qu'il faut combattre quand on est socialiste, parce qu'évidemment le socialisme c'est aussi la mobilité sociale. Et puis il y a aussi le refus de ce qu'on appellerait aujourd'hui une forme d'héritocratie, on est dans un moment où, aux États-Unis, pour la première fois cette année, le nombre de milliardaires ayant hérité est plus important que le nombre de milliardaires « self made man » comme ils disent chez eux. Personne n'est self made dans la vie ! Cela n'existe pas. Donc pour la première fois, même chez eux dans leur American

Dream, il y a tout d'un coup le retour des rentiers qui sont là et ils sont plus nombreux que ceux qui deviennent riches par leur propre labeur. Et puis il y a eu quand même tout l'énorme travail de Piketty qui a montré une divergence fondamentale entre les revenus du travail et les revenus du capital, qui démontre que la société d'ordre est progressivement en train de se rétablir. L'accumulation au sommet atteint des niveaux qui sont ceux des Roaring Twenties des années 20. Donc, l'héritage, c'est aussi l'inégalité, la société permanente, le retour d'une forme de société figée et on sait très bien que les sociétés figées ça finit très mal. Donc notre travail c'est de faire comprendre aux gens que quand on parle d'héritage, on ne parle pas de leur vie. Il y a 50 % des Français, 50 % qui ont moins de 50 000 € de patrimoine ! Faut juste noter ça. Et quand je dis 50 000, ça compte les voitures des gens… Ceux qui ont moins de 50 000 €, c'est la moitié du pays. Donc il faut bien comprendre que ce n'est pas d'eux qu'on parle. On parle de ceux qui, au sommet de la pyramide sociale, ont accumulé de génération en génération les immeubles avenue Montaigne, les châteaux dans le Berry, les gentilhommières en Sologne. Voilà, c'est de ça qu'on parle. Et pour qu'il y ait une forme de mobilité sociale, il faut aussi que ces richesses-là, elles soient redistribuées. Avec hémisphère gauche et avec la fondation Jean Jaurès, on a travaillé là-dessus.

Léon Blum avait proposé un projet d'abolition de l'héritage sur une génération lorsqu'il était au groupe parlementaire à l'Assemblée nationale mais le groupe lui avait dit que c'était trop radical. Est-ce que toi tu portes une proposition en ce sens ? Dans mon ouvrage, je dis qu'il faut abolir l'héritage avec une dotation universelle de 50 000 €. Tu as un projet sur la question ?

Je ne suis pas encore abolitionniste. Pourquoi ? Parce que d'abord il y a la question du réel. Et le réel c'est quand même un impôt qui est très impopulaire, peut-être le plus impopulaire de tous les impôts. Quand tu regardes les sondages, tu as 80, 90 % des Français qui sont contre les droits de succession et qui, même lorsqu'on dit ce sont les impôts des autres, disent « non ». On est quand même contre à un niveau extrêmement élevé. C'est à la fois une réforme nécessaire, mais on part dans une situation où ça renvoie à des sentiments affectifs. Je prends souvent un exemple, c'était Sarkozy en 2007 à la Concorde, qui cite Victor Hugo et qui dit « l'héritage c'est la main du père à travers le tombeau ». Quand vous avez ce sentiment d'émotion mêlée qui joue, évidemment, ce n'est pas facile de conquérir les gens par des arguments rationnels du type « la société est en train de se répliquer ». Donc nous ce qu'on a proposé, c'est de dire : aujourd'hui sur le flux successoral annuel, c'est-à-dire sur ce qui est transmis, l'État ne prend que 5 %, donc contrairement à ce qu'on pense, ce n'est pas 50, c'est résiduel. Si on passe ce ratio à 9 % on a de quoi financer toute la transition écologique, selon les données d'investissement de la Commission européenne.

Si on se concentre sur le top 1 %, on arrive à obtenir ce pourcentage de flux successoral en plus. Cela nous semble réaliste de projeter les gens dans un imaginaire où comme il existait un ISF, il peut exister un IGS, un impôt sur les grandes successions. Ils savent qu'ils ne sont pas concernés, ils savent que c'est pour gérer les cas extrêmes d'enrichissement indus. Parce que personne ne vaut 50 milliards d'euros, ce sont aussi des questions de rapport à une forme d'humanité. Nous nous sommes donc concentrés là-dessus et on l'a fait dans un moment qu'on appelle « *la grande transmission* ». Les baby-boomers arrivent au bord de la vieillesse, de la sénescence et peut-être de la mort. Et donc vous avez toute une génération où d'énormes montants d'argent vont être transmis et on ne peut pas louper cette fenêtre des 30 prochaines années qui est à la fois la fenêtre de la transition écologique et la fenêtre de la grande transmission, on doit lier les 2 : utilisons cette grande transmission, ce moment de flux successoral intense pour permettre la transition écologique et pour permettre les grandes transformations. Parce qu'on parle de transition écologique, évidemment, mais il y a aussi le vieillissement à financer, il y a la question de la sécurité. C'est bien le moment de remettre ça sur la table. On voit que les impositions du capital sur le vivant des gens, on n'y arrive pas trop. Donc essayons de passer par là. Mais en effet, même si on ne va pas jusqu'à Léon Blum, on essaye philosophiquement dans notre proposition d'aller dans ce sens-là, d'aller dans le sens de dire que d'une génération à l'autre on ne peut pas non plus transmettre des sommes considérables. Pour ce qui est de la petite maison de famille à 180 000 € que se partage 3 enfants, oui là j'avoue que on n'est pas aussi radical que toi Rémy, on est sur l'idée que c'est la part de l'homme qui se transmet. Ça ne justifie pas une rationalité pure, mais qu'il y a quelque chose de ce qui se joue aussi dans la société.[1]

On commence plutôt avec la question des hauts patrimoines pour essayer de créer une adhésion populaire majoritaire. Par ailleurs, on a réussi à élargir la coalition avec ça. On a 150 entrepreneurs avec des entreprises pour certaines cotées en bourse, même aux États-Unis, à plusieurs milliards d'euros qui disent : « Tax me now ! » (Taxez-nous maintenant). Avec un argument qui est assez intéressant à entendre de leur part : « tout notre argent ne nous protégera pas du changement climatique ». Tout notre argent ne nous protégera pas d'une société qui se détruit, qui se défait. Donc on est d'accord pour contribuer. Chez les libéraux d'ailleurs, d'un point de vue rationnel, si des gens croient au marché pur et parfait, ils ne peuvent pas croire à l'héritage. Donc il y a aussi moyen d'étendre le domaine de la lutte pour parler un peu comme Michel Houellebecq à des libéraux sincères. C'est tout le boulot qu'on essaie de faire dans la société, mais aussi au Sénat.

Et l'idée de la dotation universelle ?

Moi je la trouve très bonne. Alors il y a tout un débat là-dessus. On l'avait porté, avec hémisphère gauche, on avait appelé ça Patrimoine républicain à l'époque. Mais c'est la même idée. C'est un patrimoine républicain. Certains nous disaient : « mais le patrimoine de la république ce sont les services publics, le patrimoine de ceux qui n'ont rien donc pourquoi donner de l'argent » ?

Les libéraux vont nous dire que les gens en font n'importe quoi, qu'ils vont aller mettre 50 000 € sur le rouge au casino, ils auront toujours un exemple pour justifier que c'est une mauvaise idée. J'ai 2 réponses à ça :

1) On ne demande pas aux enfants de bourgeois ce qu'ils font de leur argent. Premier point. Donc, l'idée de dire « Oh là, mais qu'est-ce qu'ils vont faire ? » Je trouve qu'il y a un côté paternaliste. Personne n'a jamais demandé à ceux qui avaient des

[1] Précision de l'auteur : dans le système que je propose, la maison familiale est complètement exonérée d'impôts.

héritages ce qu'ils en faisaient et ils en font parfois vraiment n'importe quoi, bien sûr. Comme on le sait, il suffit de voir le fils Arnaud pour comprendre comment en quelques années, on détruit un empire industriel parce qu'on est incompétent. C'est l'exemple parfait si tu veux lutter contre l'héritage, tu montres le fils Arnaud et tu dis voilà ce qu'on ne veut plus dans la société et à mon avis ça marche bien.

2) Des copains me disaient les services publics sont la solution, certes, mais il y a toujours une part interstitielle dans la vie que les services publics ne peuvent pas couvrir. On ne peut pas tout couvrir avec les services publics. Il y a des besoins sociaux qui sont propres, qui sont spécifiques à ta trajectoire, qui ne vont pas être couverts par les services publics et donc cette dotation de 50 000 €, elle est là pour couvrir ce que les grands services publics nationaux ne pourront pas faire, par exemple le trajet Aurillac Paris qu'il faut payer pour X ou y raison, les 3 mois où je pourrai pas bosser à côté de mes études parce qu'il faut que j'aide ma mère qui a un truc qui va pas... et donc ces 50 000 € ont cette dimension interstitielle.

Ils permettent de couvrir le hasard, en fait ?

Oui. Je trouve que ceux qui opposent dotation et service public commettent cette erreur-là de pas voir la part de la vie qui nécessite en effet d'avoir un petit peu de monnaie d'avance. Alors peut-être il y en a qui feront n'importe quoi.

Et pourquoi pas ?

Sur ceux qui dépenseraient sans compter dans un pur acte de consommation, d'un point de vue purement économique, les keynésiens disent que quand on transfère de la richesse de gens qui ont beaucoup à ceux qui ont peu, on consomme et au pire ça relance l'économie.

Et au mieux pour les autres, ça leur met les 50000 qui manquent pour l'achat d'un premier appartement, ça leur met les 50000 qui manquent pour faire leurs 3 ans d'études à Paris sans trop souffrir. 1000 trucs, 1000 choses qui peuvent se justifier.

Et vous portiez aussi 50 000 euros ?

Nous on avait 2 systèmes, on avait soit une flat taxe, soit quelque chose d'un peu plus progressif. En tout cas on était sur une dimension universelle parce que je pense que les grandes choses qui ont marqué ce pays, là où la gauche a réussi comme avec la Sécurité sociale, c'est quand tu portes de l'universel dans la prestation mais que côté ressources tu changes. Là c'est côté ressources que tu gères la question de l'égalité, mais côté prestation tu es dans l'universel et donc ça fait que c'est accepté.

Préserver l'outil productif français par la démocratie sociale

« L'homme ne pourra plus accepter de travailler sans créer ni participer aux décisions »

François Mitterrand

Une autre réforme d'ampleur pourrait être menée rapidement : l'avènement de la démocratie au travail.

La suppression des niches fiscales relatives à notre modèle de production ne doit pas conduire à une perte de souveraineté industrielle pour notre pays, et donc à un risque de délocalisations voire de suppressions d'emplois. C'est la raison pour laquelle il convient de ne pas empêcher la succession d'une entreprise familiale entre parents et enfants. Cependant, un dispositif innovant et socialement juste pourrait être proposé. En lieu et place des niches fiscales supprimées, un seul dispositif permettant de ne pas payer l'impôt sur les successions verrait le jour. Ce dernier consisterait en une cession de parts aux salariés du montant de l'impôt théoriquement demandé par les finances publiques.

Autrement dit, le chef d'une entreprise d'une valeur de plus de 500 000 euros de capital aurait le choix entre payer l'impôt (tranche à 50 % dans la réforme) ou préférer à ce paiement un partage des parts de l'entreprise avec les salariés. Le conseil d'administration serait dans ce cas composé de 50 % de salariés. À chaque tranche son % d'impôt à payer et donc potentiellement son % de représentativité des salariés.

Ce choix donné au dirigeant permettrait d'améliorer considérablement le dialogue social et le partage de la décision dans l'entreprise. Il assure enfin la mise en œuvre des droits politiques dans l'entreprise que la Révolution française n'a pas su adopter.

Pour autant, une question nécessite réponse : un entrepreneur ferait-il les mêmes efforts s'il était forcé de ne pas transmettre l'intégralité de ses biens à ses enfants et d'en léguer une partie à ses salariés ? (Même s'il est toujours possible pour l'entrepreneur de transmettre ses parts à ses enfants s'il s'acquitte de l'impôt demandé).

Autrement dit, travaillons-nous pour nos enfants ? Pour léguer quelque chose ? Pour transmettre ? Non, nous ne travaillons pas pour nos enfants, nous travaillons pour nous-mêmes. La première raison est primaire : nous travaillons pour subvenir à nos propres besoins. Par ailleurs, la volonté de réussir et de s'accomplir, l'ambition en somme, existe bel et bien et est source de motivation.

Elle n'empêche évidemment pas le désir de fonder une famille, d'être un passeur de valeurs, de principes et, souvent, de n'avoir comme visée que le bonheur de ses enfants lorsqu'ils sont là : de tout faire pour qu'ils évoluent dans les meilleures conditions. Je le sais trop bien en ayant vu ma mère se démener pour m'élever. Cela existe, c'est vrai, mais comment justifier alors la volonté d'entreprendre ? Une étude a montré que c'est la volonté d'être indépendant qui domine (61 %), suivie de l'envie de relever de nouveaux défis (44 %), le souhait de gagner plus (27 %), la nécessité de créer son propre emploi (24 %).[1] Aucune de ces raisons n'indique une inclinaison à la transmission aux enfants, si ce n'est peut-être le souhait de gagner plus.

Plus largement, il est possible de constater des phénomènes de dons massifs d'entrepreneurs, notamment aux États-Unis. C'est le cas de Bill Gates qui, via sa fondation, dépense des milliards. Cette culture du don est très présente dans ce pays et ambitionne de limiter les effets néfastes du capitalisme via la charité pour tenter de camoufler l'absence d'un système fiscal protecteur. Le fait de donner, pour les plus riches, y relève de la tradition et y est bien

---

[1] Avec le régime de l'auto-entrepreneur, les profils des créateurs d'entreprises franciliens ont été modifiés - Insee Analyses Île-de-France.

plus implanté qu'en France. Cet argent n'est donc pas intégralement donné aux enfants, au contraire.

Par ailleurs, plusieurs très riches personnalités refusent de transmettre leur fortune à leur progéniture. C'est le cas de Shaquille O'Neal, joueur de basket, qui refuse le principe de l'héritage pour ses enfants : il croit en la méritocratie. Michael Bloomberg, ancien maire de New York et milliardaire, a prévu de donner toute sa richesse à sa fondation et à l'université John Hopkins de Baltimore, sans rien laisser à ses filles. Il en est de même pour Warren Buffet, très critique sur la question de l'héritage, qui déclarait : *« Il n'y a aucune raison pour que les futures générations de Buffett dirigent des sociétés uniquement parce qu'ils sont mes descendants. Où est la justice dans cela ? »*. À ce titre, il a souvent cité Andrew Carnegie, ancien industriel de l'acier et philanthrope : « *« les grandes fortunes créées en majeure partie par la société doivent revenir à la société »*. Sa fortune ira donc à des fondations et une petite partie sera versée à une autre fondation dirigée par ses enfants. Enfin, l'acteur Jackie Chan partage la même position, considérant que son fils peut gagner de l'argent seul.

Ces divers exemples montrent clairement que la motivation première des entrepreneurs ne réside pas dans le désir de transmettre un héritage à leurs proches et quand bien même cela serait le cas, le système de choix que j'ai exposé leur permettrait de maintenir la propriété de leurs moyens de production à la condition de s'acquitter de l'impôt. Autrement, il faudra partager le pouvoir avec les salariés de l'entreprise. Qui peut s'opposer à la démocratie ?

Conclusion

L'hérédité est une insulte à l'intelligence

À la question de savoir si la Révolution française est terminée, la réponse est non. Son but, celui de l'égalité pour tous, n'est pas atteint. Sa promesse, celle de l'émancipation de tous, n'est pas tenue. Ses moyens, la puissance publique et la souveraineté populaire, sont concurrencés par le retour des trusts, d'une féodalité économique nouvelle, dominée par le monde du numérique et des nouvelles technologies (les GAFAM).

Cela devrait nous alerter en tant qu'héritiers de l'idéologie des Lumières, de la République et de notre devise qui place l'égalité au centre des valeurs fondamentales.

Précisément, tout ce qui va à l'encontre de l'idéal républicain émancipateur doit être ardemment combattu, car tout ce qui enferme, essentialise, condamne un individu à un carcan qu'il n'a pas voulu est profondément inhumain. L'héritage économique, en tant que symptôme d'une époque aujourd'hui révolue, doit se transformer en un moyen d'élévation de tous et pour tous. Il ne peut plus être le privilège de quelques-uns et le rêve de tant d'autres. Il ne peut plus permettre la reproduction sociale de la richesse, des mêmes, et de la misère, des mêmes aussi. Il doit être mis au service de la société tout entière. Pour qui ai-je écrit ces lignes ? Pour ma famille, que j'ai vu se déchirer à la mort de ma grand-mère, partie une année seulement après sa retraite de femme de ménage et couturière. Mais aussi pour tous ces gens que je connais bien pour avoir grandi avec eux, ces travailleurs souvent jeunes qui exercent des métiers difficiles et pour qui le travail est, à 20 ans, un moyen d'exister mais qui sera, à 60 ans, leur raison d'arrêter. Pour tous ceux qui s'occupent de nos aînés, qui apportent le soin, qui se tuent à la tâche et qui ne vivent qu'avec 1400 euros.

Les ressources sont là ! Nous avons largement les moyens de donner à chacun de quoi vivre dignement, il suffit d'un peu de courage et d'une volonté, qui naît certainement de l'expérience personnelle, du vécu de situations dégradantes, où la violence de la société se manifeste, toujours envers les plus faibles. Encore faut-il l'avoir vécu pour le comprendre. Et donc tenter de le combattre.

J'écris ces lignes car je ne supporte pas d'assister sans broncher à la victoire culturelle des nantis sur les petits, de constater que l'esprit de ces travailleurs ou de ces laissés pour compte reprend les raisonnements de celles et ceux qui profitent de leur misère et qui les exploitent. Je souhaite que demain, les premières combattantes des privilèges, les premiers combattants des passe-droits ne soient plus des petits bourgeois conscients de leurs privilèges, mais bien les travailleurs, les ouvrières, les employés, et ceux qui peuvent être fiers d'affirmer : « Moi j'ai travaillé toute ma vie » ! Qui peuvent être fiers de le dire car lorsqu'ils sont licenciés de façon abusive, par une entreprise quelconque, animée par des êtres satisfaits de leurs petits pouvoirs, grandis de leurs statuts de « petits chefs », ils n'ont pas l'héritage astronomique qui les attend pour les réconforter. Non, la seule chose qu'ils ont, ce sont leurs larmes, la seule chose qui les regarde, c'est leur solitude ! Cette honte qui vous étreint car vous n'avez plus de travail, cette hargne qui vous pousse à accepter n'importe quel petit boulot mal payé, mais qui vous rend un peu de votre fierté, car ce qui serait terrible, c'est de devoir dire « je suis au chômage » !

Je souhaite mener la bataille culturelle sur un sujet dont tout le monde a peur, car cela gâcherait un avenir politique bien fait et respectant l'étiquette : il faut dénoncer, oui mais pas trop, il faut se révolter oui, mais il faut être réaliste ! Allons, abolir l'héritage ? La société n'est pas prête ! Parce qu'elle était prête à couper la tête du roi, la société ? Elle était prête à mai 68 ? Aux gilets jaunes ? Rien ne se prépare, tout s'acquiert !

J'entends que cela serait trop frontal, trop radical, que cela ne serait pas raisonnable. Mais il faut bien quelqu'un pour faire le « sale boulot ».

Peu à peu, donc, abolissons l'héritage et adoptons la dotation universelle qui permettra plus de légèreté, moins d'anxiété pour entrer dans une vie qui, pour beaucoup aujourd'hui, se passe au travail et, dans le pire des cas, s'y termine. Elle permet l'émancipation et la justice car elle serait financée par les plus gros. Elle serait universelle car tout le monde en profiterait. La France s'honorerait alors car elle permettrait aux jeunes générations de se débarrasser des carcans et des obstacles liés au sang et au rang. Seul le citoyen compterait, et c'est en cette qualité qu'il bénéficierait de la dotation et de la politique publique du triptyque.

Pour finir, il reste cette question, aussi utopique soit-elle : qui y a-t-il de plus beau que de transformer ce soi-disant « impôt sur la mort » en une dotation pour la vie ?

ANNEXE 1

Répartition des héritages selon leur montant

Unité : %

Moins de 8 000 euros	38,7
De 8 000 euros à moins de 30 000 euros	27,1
De 30 000 euros à moins de 100 000 euros	21,2
100 000 euros ou plus	12,9
Ensemble	**100**

Lecture : 39 % des héritages sont d'un montant inférieur à 8 000 euros.
Source : Insee – Données 2018 – © Observatoire des inégalités

ANNEXE 2

Part des héritages supérieurs à 100 000 euros selon la catégorie sociale

Unité : %

Agriculteurs, artisans, commerçants, chefs d'entreprise	25,5
Professions libérales	27,3
Cadres supérieurs	17,2
Professions intermédiaires	10,5
Employés	6,7
Ouvriers qualifiés	n.s.
Ouvriers non qualifiés	n.s.
Retraités agriculteurs, artisans, commerçants, chefs d'entreprise	13,3
Retraités cadres supérieurs	22,5
Retraités salariés sauf cadres supérieurs	10,8
Ensemble	**12,9**

n.s. : non significatif. Lecture : 17,2 % des héritages reçus par des cadres supérieurs sont d'un montant supérieur à 100 000 euros. Source : Insee - données 2018 – © Observatoire des inégalités

Part des ménages ayant déjà hérité au cours de leur vie selon l'âge

Unité : %

Moins de 30 ans	13
De 30 à 39 ans	19
De 40 à 49 ans	26
De 50 à 59 ans	38
De 60 à 69 ans	54
70 ans ou plus	53
Ensemble	**37**

Lecture : 54 % des ménages dont la personne de référence est âgée de 60 à 69 ans ont déjà reçu un héritage.
Source : Insee – Données 2018 – © Observatoire des inégalités

ANNEXE 4

Montant du patrimoine médian selon l'âge

Unité : euros

	Patrimoine net médian
Moins de 30 ans	15 800
30 à 39 ans	49 400
40 à 49 ans	110 800
50 à 59 ans	178 500
60 à 69 ans	214 300
70 ans et plus	209 900
Ensemble	124 800

Lecture : la moitié des ménages au sein desquels la personne la plus âgée a moins de 30 ans possèdent moins de 15 800 euros.
Source : Insee – Données 2021 – © Observatoire des inégalités

ANNEXE 5

Graphique 21. Part des pactes Dutreil réalisés par donation dans l'ensemble des pactes Dutreil

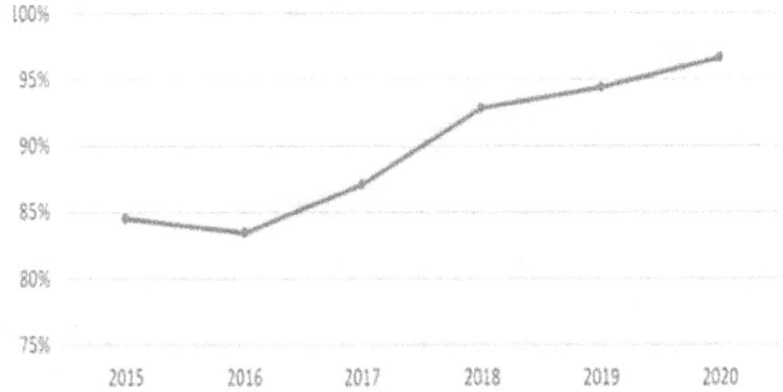

Lecture : en 2015, 85 % des pactes Dutreil ont été signés dans le cadre d'une donation, 15 % dans le cadre d'une succession.

Source : DGFiP (GF-3).

ANNEXE 6

Tableau 10. Distribution des transmissions par assurance-vie selon le montant reçu par bénéficiaire

Montant reçu par bénéficiaire (en euros)	2017 Nombre de bénéficiaires	2017 Montant moyen (en euros)	2017 Montant total (en milliards d'euros)	2018 Nombre de bénéficiaires	2018 Montant moyen (en euros)	2018 Montant total (en milliards d'euros)
Moins de 152 500	775 422	25 963	20	810 934	25 709	21
Entre 152 500 et 852 500	43 872	274 299	12	44 965	271 374	12
Plus de 852 500	1 983	3 544 249	7	1 750	2 021 994	4
Total FICOVIE	821 277	47 724	39	857 649	42 662	37

Source : FICOVIE, DGFiP (Direction des projets numériques).

ANNEXE 7

Question	Répondants	Vraie réponse
Y a-t-il un taux unique des droits de succession ?	43% de l'échantillon répond affirmativement	C'est faux
Quel est le taux d'imposition minimal ?	Moyenne des réponses: 23,1%	5%
Quel est le % de ménages qui paient des droits de succession non nuls ?	27% de réponses correctes, voir graphique	Entre 10% et 25%

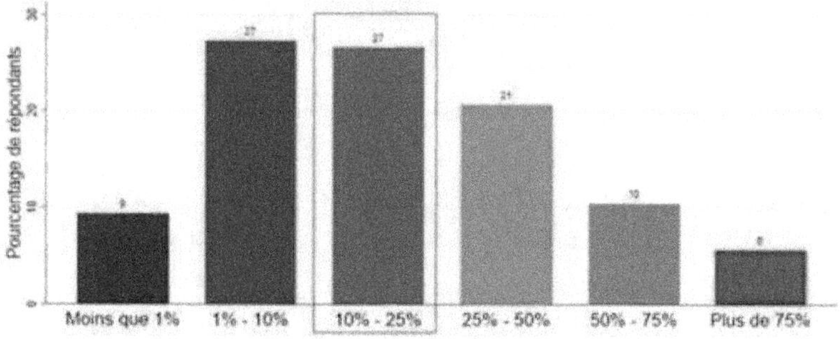

Source : Stantcheva (2021).

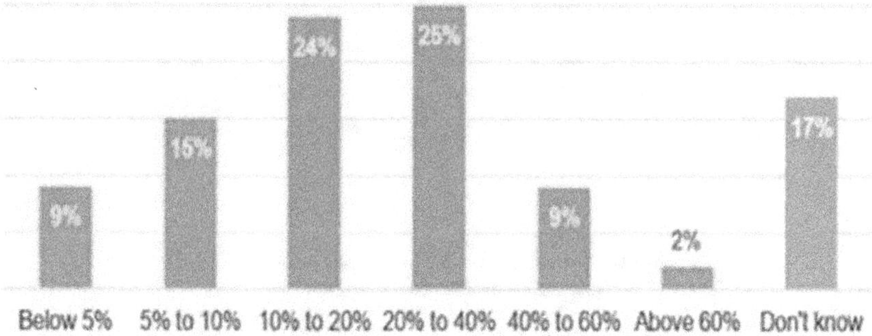

Source : France Stratégie (2018).

Ce graphique pose la question de la perception des taux appliqués sur les successions. Ainsi, 17 % de l'échantillon affirme ne pas connaître les taux appliqués, quand 25 % de celui-ci affirme que les taux vont de 20 à 40 %.

ANNEXE 8 :

Graphique 2 : Part du patrimoine hérité (héritages et donations) dans la fortune totale, en %

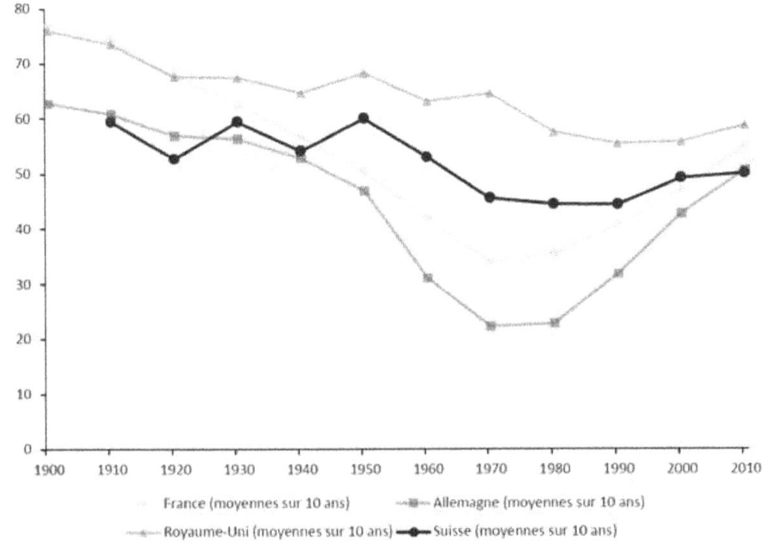

Estimations pour la Suisse par Brülhart *et al* (2018). Estimations pour la France et l'Allemagne par Alvaredo, Garbinti et Piketty (2017). Estimations pour le Royaume-Uni par Atkinson (2018).

ANNEXE 9

Décomposition des écarts de salaires entre femmes et hommes

Unité : %

	Les femmes gagnent... % de moins que les hommes
Écart tous temps de travail confondus	**22,2**
Effet du temps partiel	- 8,0
Écart pour un même volume horaire	**14,2**
Effet de la profession	- 10,4
Écart pour un même temps de travail et un même poste	**3,8**

Salariés du secteur privé. Lecture : les salaires des femmes sont en moyenne inférieurs de 22,2 % à ceux des hommes tous temps de travail confondus. Source : Insee – Données 2023 – © Observatoire des inégalités

Table des matières

Structures éditoriales du groupe L'Harmattan

L'Harmattan Italie
Via degli Artisti, 15
10124 Torino
harmattan.italia@gmail.com

L'Harmattan Hongrie
Kossuth l. u. 14-16.
1053 Budapest
harmattan@harmattan.hu

L'Harmattan Sénégal
10 VDN SICAP AMITIE 3
BP 45034 Dakar-Fann
direction@senharmattan.com

L'Harmattan Cameroun
Tsinga/Derrière polyclinique FECAFOOT
BP 11486 Yaoundé
Jacques.koukam@harmattan.fr

L'Harmattan Burkina Faso
Villa 281, secteur 23 623, rue 14.32
Ouagadougou
zagbie@outlook.fr

L'Harmattan Guinée
Almamya, rue KA 028 OKB Agency
BP 3470 Conakry
harmattanguinee@yahoo.fr

L'Harmattan RDC
185, avenue Nyangwe
Commune de Lingwala - Kinshasa
matangilamusadila@yahoo.fr

L'Harmattan Congo
219, avenue Nelson Mandela
BP 2874 Brazzaville
deunovmikhael@gmail.com

L'Harmattan Mali
Immeuble Mgr Jean Marie Cissé
Aci Hamadallaye
BP 145 Bamako
syllaka@yahoo.fr

L'Harmattan Togo
Djidjole – Maison Amela
face EPP BATOME
02 BP 20680 Lomé
didieramela11@gmail.com

L'Harmattan Côte d'Ivoire
Résidence Karl – Cité des Arts
Abidjan-Cocody
03 BP 1588 Abidjan
harmattan.ivoire@gmail.com

L'Harmattan Bénin
Rue 604, (Immeuble à l'entrée
de la rue UCAO- Cite de Saint-Jean)
Cotonou
stepcorpus@gmail.com

Nos librairies en France

Librairie internationale
16, rue des Écoles
75005 Paris
librairie.internationale@harmattan.fr
01 40 46 79 11
www.librairieharmattan.com

Librairie des savoirs
21, rue des Écoles
75005 Paris
librairie.sh@harmattan.fr
01 46 34 13 71
www.librairieharmattansh.com

www.ingramcontent.com/pod-product-compliance
Lightning Source LLC
LaVergne TN
LVHW051354061026
849535LV00009B/3170